道具としての決算書

長期的に稼ぎ続けるための思考法

公認会計士 三林昭弘——著

中央経済社

前書き

「利益はゴールではなく，条件であり，プロセスの一部なんだけどな」「決算書は，単純に読めるようになるのではなく，使えるようになったほうがいいのにな」。経理マン以外の人と接する機会があるたびに，長年感じていたことです。本書は，経理を専門とする人向けではなく，ビジネスパーソンが，決算書の構造を理解したうえで，活用できるようになることを目指して書いた本です。経営者，経営に携わる人，経営者を目指す人にも，決算書との向き合い方について知っておいてほしいこと，気をつけてほしいことを書きました。

メインテーマは，決算書の活用です。貸借対照表（B/S），損益計算書（P/L）の読み方がわかるという系統の本ではありません。おそらく，本書を手にとられた方は，ビジネスにおいて，数字で考える力の必要性，重要性，課題などについて，何がしか思うところがあるのではないでしょうか。会計，あるいは決算書を正しく知りたいということは，かなりよいアプローチです。ただし，数字で考える力を自分のものとするには，『決算書の知識と技術を修得した後のステップがある』ということは，勉強を始める前に知っておくべきです。

数字と向き合う仕事を続けてきて，心の底から感じているのは，『数字は怖い』ということです。会計は，かなり便利な道具です。しかし，鋭利な刃物であり，切れ味がよすぎるため，何かを，誰かを傷つけてしまう場合もあります。ですから，使い方を十分に理解しておかなければなりません。

『リテラシー』という言葉があります。この力は，表面的には見えない『奥行き』があると考えています。新しいスポーツについてのルールを知り，ひととおり全体を通して練習してみたというレベルではないはずです。ルールを知

り，やってみてできたから，ただちに一流選手になれるということではありません。『知識』と『技術』を使って『知恵』というレベルで行動できるかどうかは，もう少し先のはなしであり，正直，人によって差が出ます。決算書，会計の勉強をしているのに，なかなか身につかないと悩んでいる方がいるとしたら，それは，「まだ練習していないからですよ」「きちんと練習すれば身に付きますよ」と言いたいです。本書は，『奥行き』に触れるために，さまざまなアプローチの仕方を紹介した本です。

　この本の中では，『決算書』とは，貸借対照表（B/S）と損益計算書（P/L）のことを指します。少し学習したことがある人なら，財務3表としてのキャッシュ・フロー計算書（C/F）がないではないかと思われるかもしれません。C/Fにも触れますが，基本はB/SとP/Lのはなしであり，決算書を『上』・『下』・『左』・『右』の4象限で説明していきます。決算書の全体像を理解するには，B/S，P/L関係なく，4象限で考えることが有効です。本文中，B/S，P/Lという表現が消えるところがあります。それは意図的なものです。全体で考えるところに重要な意味があります。本書を通して重要な概念は何かと問われたら，『網羅性』だと答えられます。決算書には，『網羅性』の要素が入っています。経営は，制約条件だらけです。検討すべき重要な事項は，すべて検討して決めなければなりません。『正しく検討する』ために，決算書の活用は有用です。

　本書で紹介する，指標，フォーマット，使い方は，アプローチ方法の1つに過ぎません。『奥行き』はここでゴールという地点もありません。本書をきっかけとして，決算書の構造を理解し，少しでも決算書を自分事として『使える』ようになる一助になれば，これ以上の喜びはありません。

2023年9月

三林 昭弘

CONTENTS

第 1 章

決算書の構造を理解して
ビジネスに活用する

1 長期的に稼ぐ

(1) 会社としては長期的に稼ぎ続ける組織でありたい

　会計リテラシーを身につけるというはなしをする前に，そもそも会社としては，どのような方向性を持って進んでいくべきものなのかを確認してから，はなしを始めることにしましょう。

　どのような経営をすべきかと問われたときに，『企業価値の最大化』を目指して行動すべきと近年はいわれます。この『企業価値』という言葉，抽象的で誰でもすぐにピンとくるものではありません。

　本書では，『ビジネスパーソンがどのように頑張ればいいのか』という問いに対して，1つの軸となる会社の目指す方向性や姿が欲しいと考えています。実務は複雑な応用編の集まりですから，悩むこと，困ることが続出します。その時に立ち返る判断基準があると助かります。

　しかし，その判断基準を『企業価値の最大化』にすると，自分の目の前の仕事とは，あまりにも遠すぎる概念になってしまうのではないでしょうか。
　そこで，本書では，少しかみ砕いた定義を用います。それが本項のタイトルにもあります，『長期的に稼ぎ続ける組織』になることです。ただし，条件がつきます。稼ぐといっても『健全に稼ぐ』という条件です。

健全に	＋	長期的に稼ぎ続ける組織

　『健全に』は大前提ですから，本書ではこの部分については触れません。も

う１つの『長期的に稼ぎ続ける』について，もう少し説明しましょう。

　『長期的に稼ぎ続ける』とは，『資金を調達して，投資を行い，回収する，という状態を継続する』と本書では定義します。

[図表１−１]　長期的に稼ぎ続ける状態

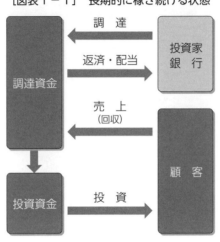

　まずは，投資するための資金を準備しなければなりません。手段としては大きく分けて２つ。第１に，自己資金を準備する，第２に，他人から調達するという方法です。投資する資金が確保できたら，それを何かに投資します。設備への投資もあれば，人材やプロモーションへの投資などもあります。いずれにせよ，何かに『お金』を使います。そして，その投資の結果がうまくいけば，売上が発生し，顧客から代金という形で資金が回収されます。回収された資金のうち，銀行などの金融機関から借入れを行っていた場合には，返済に充て，投資家から出資を受けていた場合には，配当金を支払います。返済，配当などが完了し，残った資金は自己資金として，会社が自由に使うことができます。その自己資金を次の投資に充て，回収ができ，再び返済，配当を行い，また資金が残る。これが繰り返される状態ということです。

理想的な状態を考えるならば，他人からの調達は，新規事業のスタート時のみで，後は自己資金の運用で，ぐるぐると資金が回ることが望ましい構造です。

[図表1-2]　理想的な資金循環

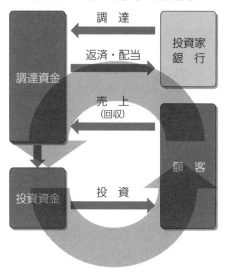

　この反時計回りの資金循環の円の規模が大きくなっていくと，将来，会社の自己資金は増えていきます。この円を大きくするためのキーワードが，『調達』，『投資』，『回収』になります。重要なことは，この3つのキーワードが**バランスしてはじめてうまくいく**ということです。それゆえ，実務ではそう簡単なはなしではありません。ここで皆さんに押さえておいてほしいことは，**長く稼ぎ続けるためには，『調達』，『投資』，『回収』を上手にバランスさせて運用していく必要がある**，という基本的な考え方を持っていただくということです。

　反時計回りの資金循環が継続するためには，次の条件が必要となります。

　極めて当たり前の図ですが，まず投資した資金以上に回収できなければなり

[図表1−3] 資金循環が継続するための条件

ません。そして、投資と回収の差額が『**成果**』であり、『**儲け**』ということもできます。図表1−3だけ見ると、おそらく100人中100人が差額こそが『**成果**』だと思うはずです。ところが、ここに会計の知識を加えていくと、少し怪しくなっていきます。そのカラクリは後述していきますが、皆さんは、図表1−3の『**成果**』を、本書の最後まで、忘れずに意識を持って読み進めてください。

『成果を出す（儲ける）』とは、『投資』以上の資金を『回収』することであり、差額である『成果』は、より大きいほうが望ましいということになります。

[図表1−4] 投資と回収の差額を大きくする

投資パターン1   投資パターン2   投資パターン3

　図表1−4では、投資パターン1と投資パターン2は、投資額は同じですが、回収額が投資パターン2のほうが大きいという図になっています。ということは、投資パターン2を実行したほうが『成果』は大きくなります。しかし、それよりも、投資パターン3のように、投資額を増やして挑戦したほうが、より回収額が大きくなる可能性もあります。この場合、投資パターン3への挑戦が、

『成果』を最大化させる可能性があるということになります。

　また，『**長期的に稼ぎ続ける**』ためには，『**現在の事業の成果をより高める**』
という視点と，『**新しく市場を開拓する（創造する）**』という視点が必要です。
現在のコアな収益源となっている事業に投資するだけでなく，新しい収益源と
なる事業も育てていかなければなりません。本書では，前者を『**成長**』，後者
を『**創造**』ということにします。『成長』と『創造』に，バランスよく投資し
ていく必要があります。ここにもバランスの問題があります。

[図表 1 － 5]　『成長』と『創造』にバランスよく投資する

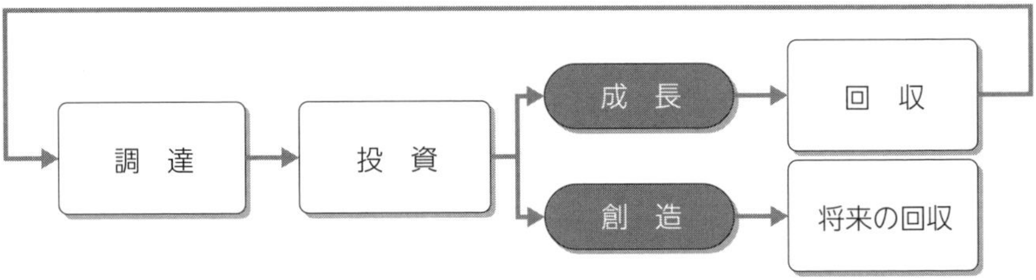

　可能であれば，『成長』にも『創造』にも十分な投資を行いたいものですが，
投資資金には限界があります。つまり，制約条件がある中で，最も効果的な投
資を行う必要があり，『**投資効率**』が経営の判断基準の 1 つになります。特に外
部環境の変化が激しい昨今は，『創造』への積極的な投資が重要課題です。組織
構造も変えていかなければいけません。時間と資金が必要となります。判断の
タイミングや選択肢を誤ると，事業の存続に関わる危機に陥る可能性がある時
代です。足元も重要ですが，かなり先を見ながら経営するのが基本となりました。

（2）　決算書はチェックポイントを効率的に提供する道具

　上記のように，昨今は，経営していくうえで目を配らせなければいけない範

囲が相当広くなりました。時間軸は，現在や来年だけではなく，もっともっと先まで見通す必要があります。そのような状況において，情報を広範囲から入手して，経営判断を行うには，効率的な道具があると便利です。

　そこで登場するのが決算書です。なぜ決算書が効率的な道具といえるのかを考えてみましょう。

　まず，決算書は，日々の**活動（行動）の結果**を**金額**で**記録**し，**集計**したものです。

[図表1－6]　活動を記録した結果を集計した資料が決算書

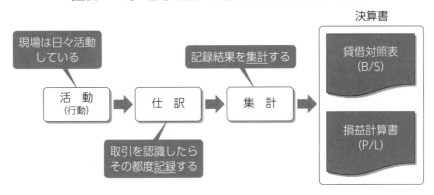

　決算書の特徴としては，『**①活動を金額で表現できること**』，『**②活動結果を要約して表現できること**』です。もちろん，完全に金額で表現できるわけではありません。そこには限界がありますが，その限界点に目をつむれば，かなりの部分を金額で表現することが可能です。

　また，成果である『儲け』は資金のことですから，金額で表現する決算書とは非常に相性がよいといえます（同じとはいっていません。その意味はこれからゆっくりと説明していきます）。

　活動の集合体の結果が決算書ですから，個々の活動の結果は，必ず決算書のどこかの科目に反映され，影響を与えています。

[図表1－7]　活動は決算書のどこかに反映される

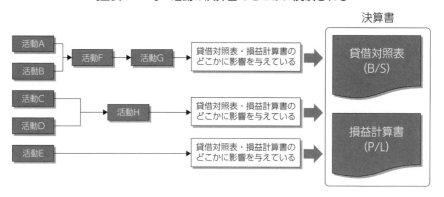

　活動が，決算書のどこに反映されるかがわかってくると，今度は逆に，『決算書から現場活動を考える』ところが線でつながります。

[図表1－8]　活動と決算書の相関関係

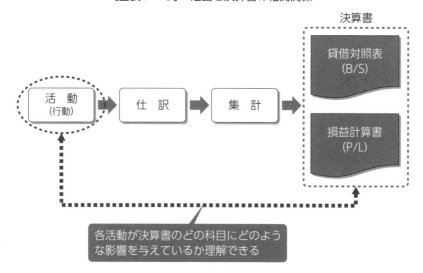

　要約した資料があると何が便利かというと，事業あるいはプロジェクト全体を**俯瞰的に見やすくなる**ということです。そして，どのような活動が，決算書

のどこの科目や金額に影響しているかという構造がわかってくると，どこに力を入れるべきか，どのような制約条件があるか，要所をつかみやすくなります。力を入れる場所はどこか，力の入れ方を変えたら決算書の数字がどのように変わるのか，**全体の動きが想像できる**ようになると，戦略的に行動を変えられるようになります。

　全体の動きが想像できるというのは非常に大事なはなしです。ビジネスは**制約だらけの条件のもとで成果を出さなければいけません**。最も重要な制約条件は，投資するための資金です。投資資金を無視してビジネスプランを考えていては，どんなにアイデアベースでは素晴らしくても，絵にかいた餅であり，はなしは進みません。

　バランスよく経営するためには，『**検討すべき条件を漏れなく**』集めることが大変重要です。この『**抜け漏れのない**』度合いのことを『**網羅性**』といいますが，活動を要約した資料である決算書は，網羅性の観点から，重要な検討条件を洗い出すためには，かなり便利な道具になります。

　さらに，『**①活動を金額で表現できること**』，『**②活動結果を要約して表現できること**』から，道具としては次の2つの機能を備えます。

[図表1-9]　決算書の2つの機能

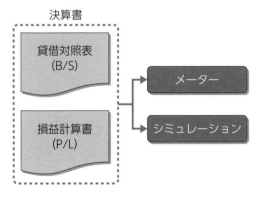

第1に，重要なチェックポイントを，数字で測定して確認できる『**メーター**』としての機能です。定点観測するため，モニタリング用として活用することができます。第2に，決算書作成の仕組みの中で，活動条件を変えることで集計結果がどうなるか，数字で表現する『**シミュレーション**』としての機能です。未来の決算書を相応の精度で検証することができれば，投資の成功確率を上げることが期待できます。共通項は，<u>**将来の活動**</u>を変えるための知恵を出す材料として使えるということです。

　決算書そのものは，あくまでも過去の活動の結果を集約化したものです。しかし，どのような活動が決算書に反映されるかという構造が理解できるようになれば，『**将来の結果**』を変えることに使えます。将来の結果を変えたければ，『**活動**』を変えるしかありません。その行動変容を促すキッカケには十分に使える道具だと思います。道具ですから，**決して『答え』を教えてくれるわけではありません**。これは非常に重要なことです。よいシグナル，悪いシグナルを素早く拾い上げるという点では，かなり役に立ちますし，課題となる箇所を特定することにも抜群の力を発揮します。つまり，有益な手掛かりとなる情報を得るには，うってつけの道具です。

2 決算書のクセを知る

（1）　1年単位で決算を強引に区切ることで
　　　「利益」は計算される

　道具としての決算書には期待できそうですが，万能な道具というわけではありません。決算書はもともと，<u>外部の利害関係者（ステークホルダー）に報告</u>するために作られる書類です。報告のためということが主目的ですから，決算書の作り方が会社によってバラバラですと困りますので，統一性のあるルールというものが必要となります。そして，このルールは**読者目線**（決算書を読む人）で考えられているということは知っておかなければなりません。

　そして決算書には，一定の限界，短所があります。この短所が，自社で利用する場合にはやっかいなはなしになります。そこで，自分たちが使うためには，

[図表1-10]　報告目的の決算書の仕組みを理解してアレンジする

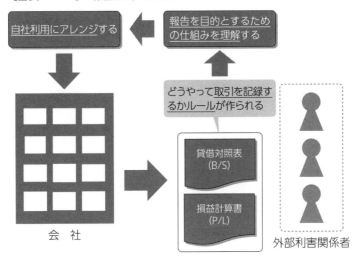

報告目的の決算書の趣旨や仕組みを十分に理解したうえで，**応用**できることを目指します。上手に使うためには，まずは決算書がどのように作られるのか，どのようなルールがあってでき上がっているのかを知っておく必要があります。

　ここから少し昔のはなしになります。詳細な解説は省略しますが，どのようにして今の原型ができたか押さえてください。

　はなしの出発点は，会社という組織体ができる前の，中世の時代まで戻ります。いわゆる大航海時代のはなしです。貴族からお金を集め，そのお金を託された船乗りが航海に出かけ，香辛料などを調達して持ち帰り，それをヨーロッパで販売してお金に換えます。この航海の目的がすべて終了したとき，使ったお金と稼いだお金を精算します。**残ったお金**が**出資者の儲け**となり，単発プロジェクトの終了です。儲けは，お金を出した人たちに分配されました。

[図表1-11]　プロジェクト終了後に儲けを計算する

　お金を持っている人からお金を集めて商売を行ったほうが，より大きな儲けが期待できることがわかってくると，その手法で**継続的に運営**できるようにしたいとなっていきます。そして，『株式会社』という仕組みが登場します。

　単発のプロジェクトには終わりがありましたが，組織が継続するという前提になると，解散するまで終わりがありませんから，締められなくなります。

　終わらないから，儲かっているのかもわからないということでは，出資者の立場としては困ります。やがて，『1年に1回で期間を区切って儲けを計算』して，出資者に報告し，その期間の儲けを分配するという流れができ上がりました。

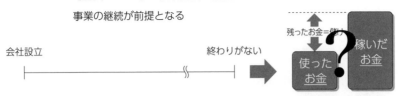

[図表1−12]　事業継続を前提とすると締められない

事業の継続が前提となる

会社設立　　　　　　　　　　　　　　　終わりがない

残ったお金＝儲け

使った
お金　　稼いだ
お金

締められないから計算できない

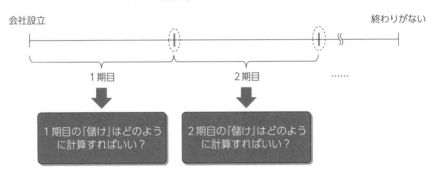

[図表1−13]　1年に1回期間を区切る

1年で1回区切るというルールを作った

会社設立　　　　　　　　　　　　　　　　　　　　終わりがない

1期目　　　　　2期目　　……

1期目の『儲け』はどのように計算すればいい？　　2期目の『儲け』はどのように計算すればいい？

　期間を区切った場合，儲けはどのように計算すればいいのでしょうか。まずは，その期間内に『**入ってきたお金**』と『**出て行ったお金**』の差額で計算するという方法があります。お金の出入りを基準に計算する考え方を『**現金主義**』といいます。この『儲け』は，<u>その期間どれだけ頑張ったかという成果</u>になります。

　さらに，商売には新たな進展があります。現金での取引以外にも，新しい取引の形態が登場してきます。例えば掛け取引です。信用があれば，商品を引き渡した時ではなくても，後日支払ってもらっても構わないという取引です。

　このような商品の引渡しや役務の提供のタイミングと，代金の決済のタイミングが異なることが主流になってくると，果たして『買った（費用）』，『売った（収益）』と**多くの人が考えるタイミング**ではなく，お金が動いたタイミン

グで記録することが**正しい『儲け』（成果）**なのかという疑問が湧いてきます。

[図表1−14]　取引成立とお金の授受のタイミングは必ずしも同じではない

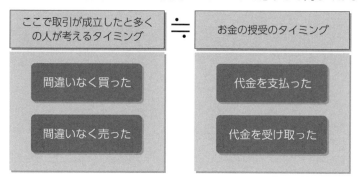

　もともとは，取引が成立する条件として，その場でお金の授受が必要だったため，お金が動いたタイミングを**取引が行われたタイミング**と考えても問題ありませんでしたが，信用で取引が広く行われるようになると，今までは何の疑問も抱かなかった『**いつ**』という解釈が複数出てくるような状況になります。現金が動いたタイミングでは成果を正しく捉えにくくなります。

[図表1−15]　『儲けた』と誰もが納得するタイミングはいつか

×1年1月〜12月	×2年1月〜12月
×1年12月20日 商品100個を引き渡した @10,000円 納品は12月22日に完了 代金の決済条件は翌月末 までに支払ってもらうこと	約束どおり，×2年1月31日に 代金100万円が振り込まれた

×1年の稼ぎとしたほうが
納得できる？

×2年の稼ぎとしたほうが
納得できる？

このような背景のもと，『**発生主義**』が登場します。お金の入金や支出の裏づけがあることを前提としながらも，『**事実が発生した時（タイミング）**』に『買った（費用）』『売った（収益）』という記録をするという考え方です。

[図表1−16]　発生主義の登場

そして，『収益』から『費用』を差し引いた結果が，もともと『儲け』と表現していた『**利益**』です。この『利益』が成果となりました。

[図表1−17]　利益の計算式

非常にシンプルな式ですが，次の前提条件を忘れてはいけません。第1に，**本来は継続して続く事業だが，強引に1年で区切っている**ということ，第2に，**発生主義で取引は記録されている**ということです。

[図表1−18]　前提条件付きの利益

収益 − 費用 ＝ 利益

✓一定の区切った期間　✓発生主義で集計

この前提条件が，どのような意味を持ってくるのか，今後明らかになります。重要なことは，一定の区切った期間の成果を知りたい人がいるということです。そして，その成果は，ある程度納得感のある形で知りたいということです。

『収益』に関しては，さらにもう少し厳しい条件が付きます。それが**『実現主義』**という考え方です。客観的に**お客さんに対価を請求できる状態**になるタイミングまでは，収益を計上できないということです。当たり前のように感じるかもしれませんが，発生主義と対比して考えることにします。

　前頁では，取引が成立したタイミングは『**事実が発生**した時』と書きましたが，事実の発生とは一体どういうことでしょうか。これは，『**金額的に計算することができ，かつ，そのお金を支出する根拠，あるいは受け取る根拠が生まれた時**』だと考えてください。これでも，まだかなり抽象的ですし，解釈の幅が広そうです。だから，『収益』については，『**受け取る根拠が生まれた時**』ではなく，さらに**『対価を請求できる』**状況になるまで慎重に待たなければならないのです。一方，『費用』のほうは，『**根拠が生まれた**』タイミングで計上することになります。つまり，**『費用』のほうが認識する範囲が広くなり，保守的な対応**になり，タイミングも収益より早くなります。

[図表1−19]　収益は実現主義，費用は発生主義

収　益	現金主義	ではなく	発生主義	ではなく	実現主義
費　用	現金主義	ではなく	発生主義		発生主義

　現金主義ではないわけは，「一定の期間，どれだけ頑張ったのか利益（成果）」を**正しく知りたい**からです。実は，この正しく知るためには，さらに，もう一工夫必要になります。それが**『費用収益対応の原則』**といわれるものです。『収益』と非常に関係が深い『費用』（例えば売上原価）があった場合，一定期間の成果を正しく把握するためには，この『費用』は『収益』計上のタイミングに合わせて**調整**する必要があります。仕入れた（購入した）けれど，まだ販売していない棚卸資産はその典型です。

[図表1－20]　実現主義と発生主義をつなぐ費用収益対応の原則

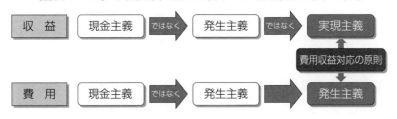

ここまでして調整作業を行うのは，**1年で区切った期間の成果を正しく知りたい**という外部の人たちの強い要請があるからにほかなりません。こうして，1年間の経営成績を計算するための基本的な枠組みが整いました。

[図表1－21]　1会計期間の成果の基本的枠組み

実現主義・発生主義・費用収益対応の原則

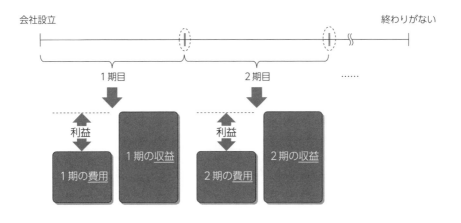

　1年で期間を区切って利益を計算するということは，会社の外部利害関係者からすると，大変ありがたいはなしになります。株主としては，利益を原資として配当金を受け取れます。銀行としては，過去の経営成績を見て，融資してもいいかどうかを検討することができます。国や自治体は，利益を根拠として税金を徴収することができます。外部利害関係者は，それぞれの立場によって，

会社に対する思惑は異なります。しかし，決算書の内容が，誰の立場でも関心があるという点は共通しています。ここまで来ると，現代の決算書作成のための基本的枠組みは，もはや，**お金の動きとはかなり離れてしまった**ところで利益が計算されるということが理解できます。**1年という期間を取り除き，長期的な期間で考えた場合，お金の入金と『収益』は一致しますし，お金の支出と『費用』は一致します**。結局は，**計上のタイミングが異なるだけ**なのです。

[図表1－22]　通期では利益と収支は一致する

	×1期	×2期	×3期	合計
収　益	1,000	2,000	1,500	4,500
費　用	400	800	600	1,800
利　益	600	1,200	900	2,700

	×1期	×2期	×3期	合計
収　入	750	600	3,150	4,500
支　出	800	700	300	1,800
収　支	▲50	▲100	2,850	2,700

通期では一致する

　決算書は，外部利害関係者の重要な関心事ですが，ここまで説明した**図表1－20**の基本的枠組みだけでは，誰が計算しても同じ答え（利益）が出るとは限りません。『事実が発生した時』といっても，その根拠が主観的で，人によって解釈が異なる可能性もありえます。そのため，基本的枠組みを前提としながらも，実務上は，さらに，もう少し細かいルールが作られています。例えば，収益認識基準，固定資産計上，減価償却費の償却方法や耐用年数，減損処理，資産除去債務，リース，棚卸資産の評価基準や評価方法，貸倒引当金，退職給付引当金，投資有価証券の評価，外貨建取引の換算方法，税効果会計など。税法独自のルールもあれば，上場会社などが，必ず準拠しなければいけない企業会計のルールもあります。

　結局，**『利益はあるルールに基づいて計算された結果』**ということであり，**『利益は成果を表す絶対的な数字ではない』**ということです。上記に挙げたルールの例も，過去同じタイミングで施行されたわけではなく，バラバラです。

ルールが施行される前と後では，処理の仕方は違っていましたし，ルールがさらに改正されることもあります。**現場の活動は何も変わらなくても，利益はルール変更により変わる**ことがあります。

[図表1－23]　ルールが変われば利益も変わる

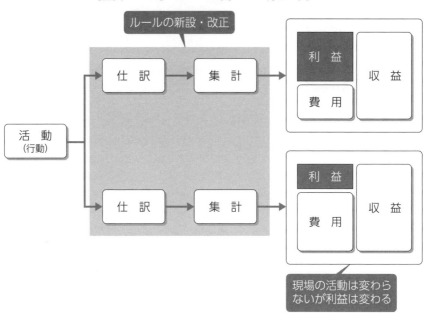

そして，ここが大事なことなのですが，ルールが変わっても，**会社のお金が増える・減るということはありません**。区切った会計期間に配分される『収益』，『費用』が変わるだけです。お金が実質増減しないのであれば，そこまで気にする必要はないと思うかもしれません。

そうはいっても，外部の人からは，ルールに基づいて作成された決算書によって**評価**されることは事実です。評価される以上は，どのように利益が算出されるか，ルールについても，基本的な部分は知っておく必要があります。

[図表 1 − 24]　社内・社外が共通認識しておくべきこと

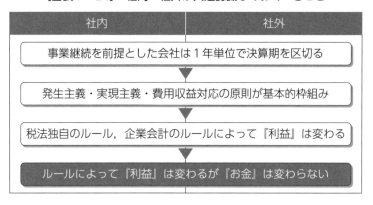

社内	社外
事業継続を前提とした会社は 1 年単位で決算期を区切る	
発生主義・実現主義・費用収益対応の原則が基本的枠組み	
税法独自のルール，企業会計のルールによって『利益』は変わる	
ルールによって『利益』は変わるが『お金』は変わらない	

（2）　決算書は上下左右で考える

　ここからは，決算書の中身のはなしに入っていきます。貸借対照表（B/S）と損益計算書（P/L）は，5 つのボックスで表現することができます。

　『Ⅰ資産』，『Ⅱ負債』，『Ⅲ純資産』，『Ⅳ費用』，『Ⅴ収益』は，取引を『仕訳』という簿記のルールで処理し，集計した結果です。取引は，5 つのグループのどこかに必ず所属します。決算書を作る直前の工程は，次のような状態になっています。

[図表 1 − 25]　左側の合計と右側の合計は一致する

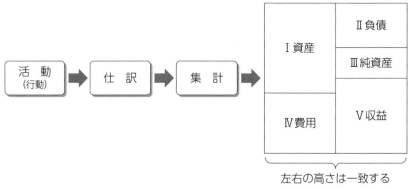

『Ⅰ資産』・『Ⅳ費用』の合計と，『Ⅱ負債』・『Ⅲ純資産』・『Ⅴ収益』の合計は，**必ず一致します。**そして，この状態から，『Ⅰ資産』，『Ⅱ負債』，『Ⅲ純資産』のグループと，『Ⅳ費用』，『Ⅴ収益』のグループで切り離します。

[図表1−26] 切り離した後に生じた凹凸が当期純利益

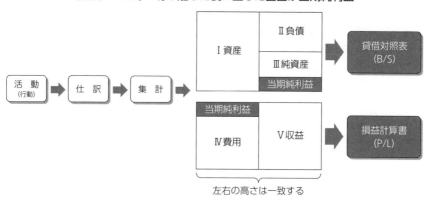

切り離すと，上側も下側も凹凸が生じます。その凹凸が『**当期純利益**』になります。『当期純利益』で上側，下側を埋めてあげると，どちらの表も左右の合計は，**再び一致します。**これが，貸借対照表（B/S）と損益計算書（P/L）です。

ここで，まず理解してほしいのは，『**当期純利益は，結果として計算された差額である**』ということです。5つのグループの集計が確定した後に，ようやく見える数字です。

この左右合計が一致するという原則は，非常によくできた仕組みです。どこかの科目が動くと，それ以外のどこかが動かないと，左右がバランスしません。だから，『売上だけ増やす』ということは絶対にできないのです。

そして，5つのボックスは，『**上**』と『**下**』あるいは，『**左**』と『**右**』というグループに分けることができます。

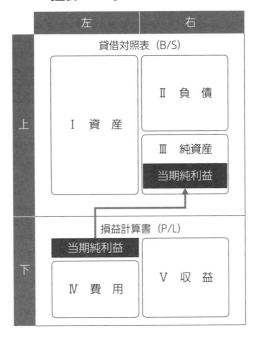

[図表1−27]　5つのボックス

まずは，『上』と『下』のグループの違いについて説明します。

　まず『下』は，損益計算書（P/L）です。これは，先ほどまで勉強していた内容の部分で，ある一定期間の経営成績（これを『フロー』という）を表しています。『V収益』と『IV費用』の差額が，『成果』を表す『当期純利益』であり，貸借対照表（B/S）の右下である『III純資産』の中に，同額が引き継がれます（転記されます）。ある一定期間を表す資料のため，翌期になるとゼロになります。

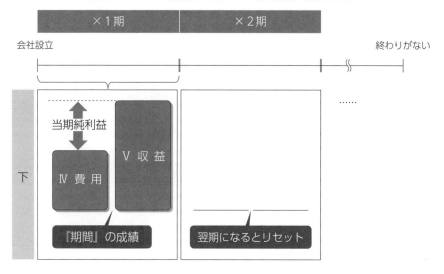

[図表1-28] 損益計算書は『一定期間』の経営成績

×1期　×2期

会社設立　　　　　　　　　　　　　　　　　　　　　終わりがない

当期純利益

Ⅴ 収益

Ⅳ 費用

下

『期間』の成績

翌期になるとリセット

......

　一方，『上』は，**ある時点の財政状態**（これを『**ストック**』といいます）を表しています。『**Ⅰ資産**』，『**Ⅱ負債**』，『**Ⅲ純資産**』から構成されています。

　『**Ⅰ資産**』は，会社が保有する財産の科目の集合体です。ある特定時点で，いくら財産があるかを表しています。財産の本質については，後で詳しく説明します。

　『**Ⅱ負債**』は，**将来外部に支払う予定**の科目の集合体です。ある**特定の時点**で，どのような支払義務があり，どれくらい外部に支払予定があるかがわかります。

　『**Ⅲ純資産**』は，ある**特定時点**の**株主の持分**を表しています。資本金や利益剰余金（過去の当期純利益の累計額と当期純利益の合計）などが主な科目です。先ほど，P/Lの当期純利益は，『Ⅲ純資産』に引き継がれると説明しましたが，当期純利益も株主の持分です。なぜなら，過去の当期純利益（繰越利益剰余金といいます）も含めて，この中から配当金を受け取る権利があるからです。また，会社が解散することになった場合，純資産の額は，株主に分配されることになっています。株主の持分は，会社が継続している間は，株主に返還する義

務はありません。ただし，配当金を支払うという**決議**をした場合には，利益剰余金から配当金が支払われるので，配当金を支払うと，利益剰余金は減少します。非上場会社の中には，株主に配当金を支払わない会社も多くあります。配当金を除き，『Ⅲ純資産』は負債と異なり，将来支払う義務はありません。

[図表1－29]　貸借対照表は特定時点の状態

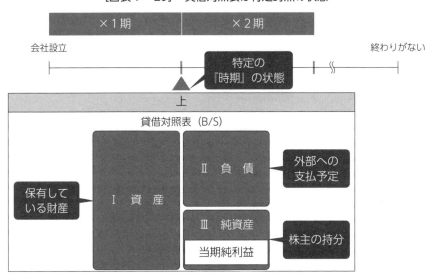

P/Lは，一定期間の集計が終わると，リセットされて，またゼロから次の期間の集計が始まりますが，B/Sは過去からの残高をずっと繰り越していきます。P/Lの当期純利益だけは，毎期B/Sの『Ⅲ純資産』に引き継がれるため，過去のP/Lは消えますが，当期純利益だけは，B/Sに刻まれて累積していきます。『Ⅲ純資産』の中に表示されている利益剰余金は，過去から直近までの，当期純利益の積み重ねの歴史です（ただし，配当金を払った分だけは減少しています）。長期的な成果を確認したいときは，直近のP/Lを見るよりも，B/Sの『Ⅲ純資産』を見たほうが，わかりやすいのです。

[図表1-30] 『上』は翌期以降に繰り越される

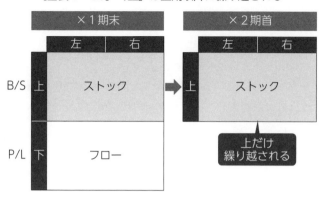

次に『左』と『右』のグループの違いについて説明します。まず，『右』は『**資金の調達**』を表します。

[図表1-31] 右側は資金の調達源

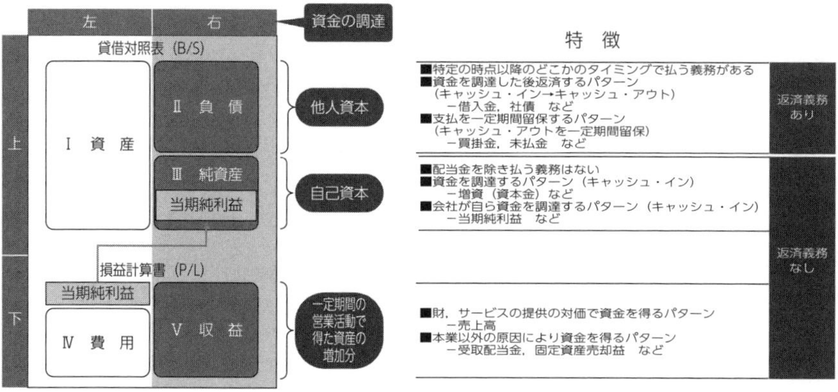

投資に回すためのお金の調達源は，自己資金を準備するか，他人から調達するかの方法があると先にいいましたが，決算書の形で分類すると，3つに分けられます。

第1に，銀行からの借入れ（有利子負債）や，支払を一定期間留保してもら

う（キャッシュ・アウトをストップしているため結果的に資金を確保）などのグループが『Ⅱ負債』です。このグループは『他人資本』といわれます。第三者の資金を一時的に使わせてもらうものです。最終的には第三者の資金ですから，会社は支払って精算する必要があります。

　第2に，株主からの出資，当期純利益などのグループが『Ⅲ純資産』です。このグループは『自己資本』といわれます。株主の持分でもありますが，配当金を除き，株主に還元する義務はありません。当然，株主以外の第三者に何かを支払う義務もありません。

　第3に，営業活動の中で得られる資産の増加のグループが『Ⅴ収益』です。顧客から得られる資産の増加が売上であり，『Ⅴ収益』のメインです。それ以外にも，本業以外から得られる資産の増加があります。例えば，銀行からは預金利息，設備を売却したときには，買主からは固定資産売却収入が得られます。『Ⅴ収益』も，クレームなどを除き，返金の義務はありません。また，『資産の増加』という言葉を用いたのは，必ずしも，ただちに資金が入ってくるとは限らないため，『入金』あるいは『資金の増加』という言葉はあえて用いていません（前節の『実現主義』のはなしです）。

　資金調達源は3つに分類できますが，返済義務があるのは『Ⅱ負債』のみです。資金繰りをよくするには，『Ⅲ純資産』と『Ⅴ収益』をいかに大きくするかということがポイントになります。

　次は，『左』です。『左』は『資金の運用』を表します。右で調達した資金を，どのように使っているかという意味です。

[図表1-32] 左側は資金の運用

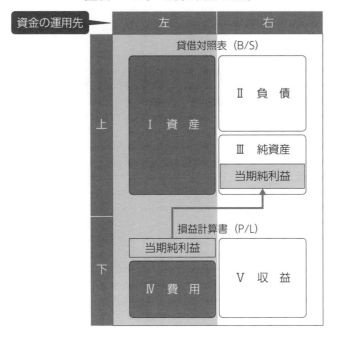

　運用の中身については，これから説明します。そして，この『**運用の本質**』を理解することが，決算書を理解することになるといっても過言でないくらい重要です。運用は，『左のすべて』です。**B/SとP/Lを全体で見ないと，運用を考えていることにはなりません**。

[図表1-33] 調達と運用

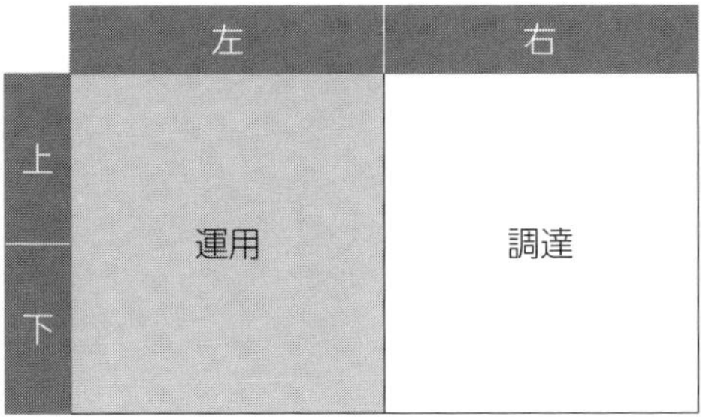

	左	右
上	運用	調達
下		

左上の『Ⅰ資産』の主な科目は，下記になります。使ったお金と使っていないお金というグループに分けられそうな気もしますが，それでは説明できない科目もあります。流動と固定に区分する意味も含めて，後で詳しく説明します。

[図表１−34]　主な資産科目

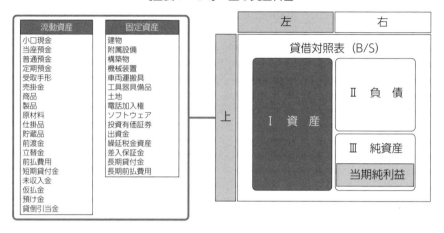

次に，左下の『Ⅳ費用』は，一定期間の活動により**発生**したものです。

[図表1－35] 主な費用科目

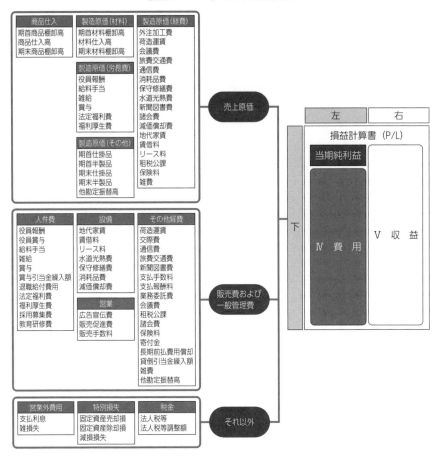

『Ⅳ費用』は，いくつかの区分に分けられます。前節の『発生主義』と『費用収益対応の原則』に基づいています。科目名は，取引の内容を明瞭に説明できるのであれば，多少表現が変わっても構いません。

先ほど『Ⅴ収益』において，本業と本業以外で得られる資産の増加があると説明しました。『Ⅳ費用』も，本業と本業以外で分けることで，『Ⅴ収益』と『Ⅳ

費用』を，いくつかの区分に細分化することができ，P/Lをよりわかりやすくする工夫がされています。

[図表1-36]　P/Lの区分ごとの利益

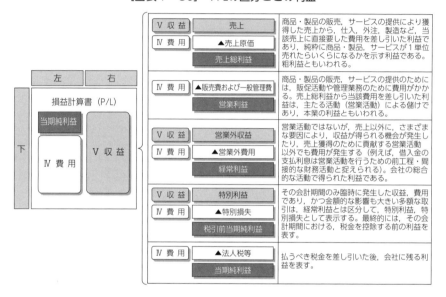

　儲けの構造を理解するには，『売上総利益』，『営業利益』，『経常利益』までの内容を分析するのが有効です。一方，株主の立場としては，自分たちの持分になる『当期純利益』が気になります。

（3）　上下には動くが左右には動かない

　ここまで，『上』と『下』のグループの共通点，『左』と『右』のグループの共通点の説明をしました。次は，この上下左右のグルーピングを使って，それぞれがどのような動き方をするのか説明します。簿記の知識がなくても問題ありません。

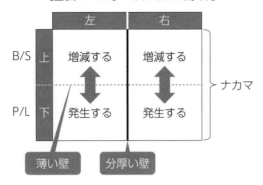

[図表1−37] それぞれの動き方

	左	右
B/S 上	増減する	増減する
P/L 下	発生する	発生する

薄い壁　分厚い壁

ナカマ

　まず，左と右の間には非常に分厚い壁があります。そのため，左右どちらかの数字が片方に移動するという動きはできません。逆に上と下の間の壁は薄いため，上下には移動できます。例えば，次のような取引があります。

> ✓ 棚卸資産や前払費用が『Ⅰ資産』と『Ⅳ費用』を行き来する
> ✓ 前受金が『Ⅱ負債』と『Ⅴ収益』を行き来する
> ✓ 借入金の債務免除が『Ⅱ負債』から『Ⅴ収益』に変わる

　左の上下，右の上下は，それぞれナカマになります。行き来が可能です。
　一方，左と右は，お互いに行き来することができません。売上が，交際費などの費用に変わるということはありません。借入金が，普通預金に変わるということはありません。それに対し，前受金は，まだ商品の販売あるいはサービスの提供をしていない段階で，先に入金があったとき，『Ⅱ負債』の前受金という科目で処理します。商品の販売あるいはサービスの提供ができなければ，返金対応しますので，この段階ではまだ『Ⅱ負債』です。しかし，商品の販売あるいはサービスの提供が完了すれば，『Ⅴ収益』の売上として計上することができます。すなわち，右上の『Ⅱ負債』から右下の『Ⅴ収益』に金額は移動します。

次は，各ボックスの金額の動きの特徴を説明します。『上』すなわちB/Sは，左右どちらのボックスに属する科目も，金額が増加したり，減少したりします。B/Sはストックで，過去から現在，そして未来に繰り越されていくものです。例えば，普通預金は，残高が増加すれば，減少もします。それに対して，『下』すなわちP/Lは，左右どちらに属する科目も，一定の期間内において発生します。つまり，基本は増加する一方です。減少するとしたら，それは訂正処理を行うときです。ただし，一定の計算期間を終えたら，ゼロにリセットされます。B/Sは増減する，P/Lは発生すると理解してください。

　ここまでが，貸借対照表（B/S）と損益計算書（P/L）の世界共通の構造のはなしです。この構造で，取引はすべて表現できます。

[図表1−38]　経営者がコントロールできるのは左側のみ

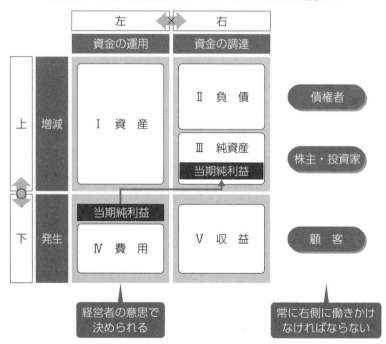

P/Lだけに目が行きがちですが，重要な視点は，B/SとP/Lの『左』と『右』という視点です。『左』は，**経営者がコントロールできる**範囲です。一方，『右』は，**外部の人次第であり，経営者が自由に決められる範囲ではありません**。顧客に対して働きかけるのは当然です。資金調達源は『右』でした。資金調達を経営者の期待どおり行うためには，債権者や株主・投資家に対しても積極的にコミュニケーションをとっていく必要があります。

（4）　貸借対照表（B/S）と損益計算書（P/L）とお金の動き

B/S，P/Lを，お金の流れと紐づけて構造を見てみましょう。先送りになっていた，B/Sの『Ⅰ資産』の詳細な説明は，ここで行います。

まずは，B/Sの『Ⅰ資産』から始めます。『Ⅰ資産』というグループを理解するために，次のように属性を3つに分けて考えます。

[図表1－39]　資産を3つの属性に分ける

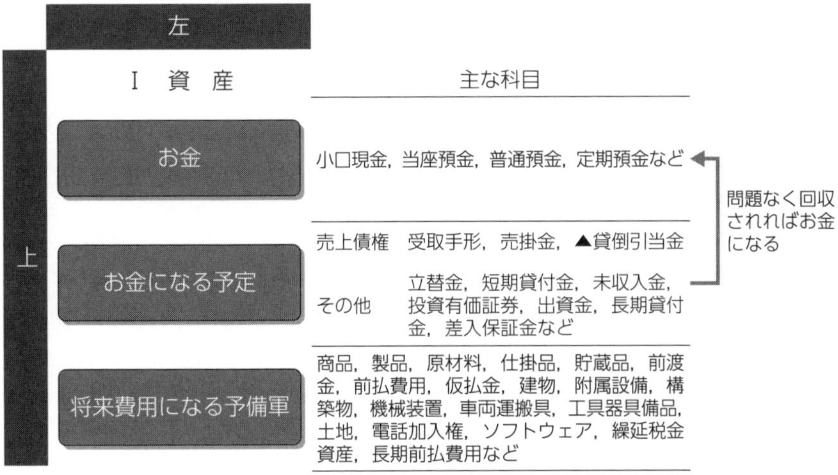

左	
Ⅰ 資 産	主な科目
お金	小口現金，当座預金，普通預金，定期預金など
お金になる予定	売上債権　受取手形，売掛金，▲貸倒引当金
	その他　立替金，短期貸付金，未収入金，投資有価証券，出資金，長期貸付金，差入保証金など
将来費用になる予備軍	商品，製品，原材料，仕掛品，貯蔵品，前渡金，前払費用，仮払金，建物，附属設備，構築物，機械装置，車両運搬具，工具器具備品，土地，電話加入権，ソフトウェア，繰延税金資産，長期前払費用など

問題なく回収されればお金になる

『**お金になる予定**』のうち，受取手形や売掛金などの売上債権は，販売は完了（収益が実現）したが，まだ代金は回収前の状態です。これは取引先に問題がなければ，やがて回収されて『お金』に代わります。『お金』に限りなく近いのですが，まだ確定したわけではない状況です。売上債権以外にも回収予定の科目があります。立替金，貸付金，未収入金なども回収が予定されています。投資有価証券や差入保証金などは，目的があって支出した取引です。目的が完了し，売却あるいは契約終了に伴い，精算されてお金になります。

　そして，次の属性の理解が，資産を正しく捉えるためには重要です。『**将来費用になる予備軍**』とは，P/Lの『**Ⅳ費用**』**予備軍**ということです。建物や土地など，売却可能な資産も含まれているので，どうしても資産価値があるという視点で考えたくなるのですが，そのような処分の仕方もありうると捉えておきながらも，基本的には，将来P/Lの『Ⅳ費用』になるという認識を持ってください。建物や工具器具備品などの有形固定資産，ソフトウェアなどの無形固定資産は，減価償却費という形で，B/SからP/Lに振り替えられていきます。土地は非償却資産だから費用ではないと考えるかもしれませんが，将来土地を売却するなど，処分したときには，土地は売却原価として費用になります。ここに，『資金の運用』という視点を加えて整理すると，次のようになります。

[図表1-40]　資産の運用状態

Ⅰ 資産		主な科目	資金の運用
お金		小口現金，当座預金，普通預金，定期預金など	使っていない お金
お金になる予定	売上債権	受取手形，売掛金，▲貸倒引当金（お金になる予定）	使ったお金の 内訳
	その他	立替金，短期貸付金，未収入金， 投資有価証券，出資金，長期貸付 金，差入保証金など	
将来費用になる予備軍		商品，製品，原材料，仕掛品，貯蔵品，前渡 金，前払費用，仮払金，建物，附属設備，構 築物，機械装置，車両運搬具，工具器具備品， 土地，電話加入権，ソフトウェア，繰延税金 資産，長期前払費用など	

左　上

　『使ったお金の内訳』は，会社が意思を持って資金を投下したものの内訳であり，**P/Lの右下である『Ⅴ収益』を増やすことを期待して使ったお金**です。また，『Ⅰ資産』には，**『流動』**と**『固定』**という分け方があります。流動資産に属する科目は，『お金』を除けば，**『お金』になる時期が早いと考えられている科目**です。固定資産に属する科目は，**『お金』になる時期が遅いと考えらえれている科目**です。例えば，流動資産に属する棚卸資産は，販売が実現すれば，売上債権を経由して『お金』になります。しかし，固定資産に属する機械装置は，何年も時間をかけて『Ⅴ収益』に貢献します。1年で投資額を全額『お金』に変えられるというわけではありません。すなわち，『固定資産』に属する科目は，使ったお金が回収されるまでに，長い時間を要します。すぐに，次の投資資金として回すことができないため，**『お金が長い期間眠ることになる』**という見方ができます。

　次は，P/Lの左側である『Ⅳ費用』を考えます。このグループは次の3つの属性に分けられます。さらに，『資金の運用』も，時間軸で表してみます。

[図表1−41]　費用を3つの属性に分ける

左		
Ⅳ　費　用	主な科目	資金の運用
当期に支払ったもの	仕入，給料手当，旅費交通費など現預金で支出した費用	当期の支出

下	B/Sから降りてきたもの	当初から費用になる予定	減価償却費，長期前払費用償却，期首商品棚卸高，その他「仮払金」，「立替金」，「前払費用」から振り替えられた費用　など	過去の支出
		予定外で費用になった	貸倒損失（売掛金など），棚卸資産除却損，固定資産売却損，固定資産除却損，減損損失　など	
	まだ支払っていないが当期の費用として負担すべきもの	債務は確定している	買掛金，未払金を計上する費用（債務は確定しているがまだ支払っていない状態）　など	未来の支出
		確定はしていないが事実上発生している	賞与引当金繰入額，退職給付費用，資産除去債務に伴う減価償却費　など	

　この分け方で，何に注目するかというと，お金の支出のタイミングです。『B/Sから降りてきたもの』は『過去の支出』です。『まだ支払っていないが当期の費用として負担すべきもの』は『未来の支出』です。P/Lの『Ⅳ費用』は，すべて『当期に使ったお金の内訳ではない』ということを理解してください。そして，もう1つ注目してほしいことが，『B/Sから降りてきたもの』の中には，『予定外で費用になった』ものがあるということです。売掛金が回収不能になった場合，当初『お金』になる予定として上に移動するはずだった金額が，逆に下に落ちることになります。棚卸資産除却損，減損損失などは，会計のルールによって，将来費用になる予定を前倒しして，早期に費用化するという手続きです。上から下に降りる時期が早まったということです。『まだ支払っていないが当期の費用として負担すべきもの』の中に，『確定はしていないが事実上発生している』ものがあります。これも，支出は遠い先のはなしであり，確定もしていないが，事実上，当期の負担分を前倒しで計上するという会計のルールに基づく費用です。これらは，通常のビジネス活動の中で発生する費用とは一線を画す性格のものですが，金額的影響度は非常に大きい費用です。『ルー

ルが変わると利益が変わる』という1つの例です。

もう1か所だけ確認しましょう。P/Lの右側である『V収益』のグループも，『属性』と『資金の調達（お金の動き)』で表してみます。

[図表1−42]　収益を3つの属性に分ける

右		
Ｖ　収　益	主な取引	資金の調達
当期に入金したもの	現預金で入金した収益	当期の入金
B/Sから降りてきたもの	当初から収益　前受金，前受収益から売上に振り替えられ になる予定　た収益　など 予定外で収益 になった　債務免除益　など	過去の入金
まだ入金されていないが 当期の収益として認識す べきもの	売掛金，受取手形などを計上する売上，未収入金などを計 上する営業外収益取引　など	未来の入金

この分け方で，何に注目するかというと，左下の『IV費用』と同じ，お金の入金のタイミングです。『B/Sから降りてきたもの』は『過去の入金』です。『まだ入金されていないが当期の収益として認識すべきもの』は『未来の入金』です。P/Lの『V収益』は，やはり『IV費用』と同様に，すべて『当期に入金されたお金の内訳ではない』というところを理解してください。

ここまでを整理すると，『IV費用』も『V収益』も，過去の支出・入金，未来の支出・入金が含まれていることがわかります。これらの構成割合が高くなると，当期の『利益』と当期の『収支』は，かなり乖離することになります。

（5）　国境を越えて決算書を比較する時代

　日本では，ビジネスのグローバル化に伴い，国境を越えた資金調達活動が円滑に実施できるよう，決算書の国際間比較を可能とする改革が行われました。1999年4月から，税効果会計に係る会計基準が適用されて以降加速します。当時は，会計ビッグバンといわれ，国際的な会計のルールの水準に日本も合わせ始めた時代です。モノサシのグローバル化です。B/S，P/Lに特に影響を与えた主要な会計基準の新設や改正は，次のようになります。

[図表1－43]　主要な会計基準の新設・改正

適用開始年月日	主な会計基準の新設・改正（改訂）	特に影響があるグループ
1999年4月1日	税効果会計に係る会計基準	Ⅰ資産，Ⅳ費用
	研究開発費等に係る会計基準	Ⅰ資産，Ⅳ費用
	連結キャッシュ・フロー計算書等の作成基準	
2000年4月1日	退職給付に係る会計基準	Ⅱ負債，Ⅳ費用
	金融商品に係る会計基準	Ⅰ資産，Ⅳ費用
	外貨建取引等会計処理基準の改訂	全て
2005年4月1日	固定資産の減損に係る会計基準	Ⅰ資産，Ⅳ費用
2006年4月1日	企業結合に係る会計基準	全て
2006年5月1日	ストック・オプション等に関する会計基準	Ⅳ費用
	貸借対照表の純資産の部の表示に関する会計基準	Ⅲ純資産
2008年4月1日	リース取引に関する会計基準	Ⅰ資産，Ⅱ債務，Ⅳ費用
	棚卸資産の評価に関する会計基準	Ⅰ資産，Ⅳ費用
2010年4月1日	資産除去債務に関する会計基準	Ⅰ資産，Ⅱ債務，Ⅳ費用
2021年4月1日	収益認識に関する会計基準	Ⅱ負債，Ⅴ収益

　特に影響が大きいのは，『Ⅳ費用』です。特徴は，『未来の支出だが，当期負担分に見合う金額を先取りする』という考え方です。減損処理（投資有価証券，固定資産，のれんなど），引当金（退職給付引当金），資産除去債務などは，未

来の支出の先取りです。**各会計期間の積み重ね**で，将来に負担義務が生じると考え，将来負担すべき支出総額を見積もります。そしてこの支出総額は，発生原因は時の経過とともに生じているものだから，**原因が生じる全期間で費用負担すべき**だという考えのもと，まだ当期では支出していないにもかかわらず，将来費用を当期に一部を負担します。

[図表1-44]　将来の債務を全期間で負担する

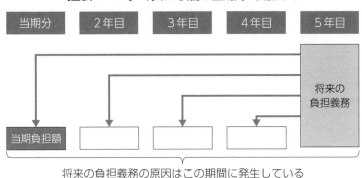

そして，未来の支出という複数年にまたがるはなしになったことにより，『**時間的価値**』という概念が登場してきます。時間的価値は，今もらえる100万円と将来もらえる100万円があるのならば，**今もらえる100万円のほうが，価値がある**という考えです。

[図表1-45]　同じ金額なら価値があるのは今

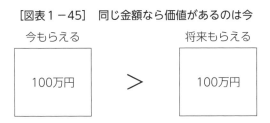

今もらった100万円を運用した場合，利息がつきます。利息はまた利息を生みますから，複利の効果でどんどん殖えていきます。ということは，将来のあ

る時点では，元利合計は100万円以上になっているはずです。将来もらえる金額が100万円ということは，**複利で運用した結果が100万円**だということになりますので，今の元本は100万円よりも少ないはずです。すなわち，今100万円もらえるほうが得だというはなしになります。金利が10％で，100万円を１年間運用すると，１年後には，利息の10万円と合わせて110万円になります。この今の100万円と１年後の110万円は，**同じ価値**ということになります。

[図表１－46]　今の100万円と１年後の110万円は同じ価値

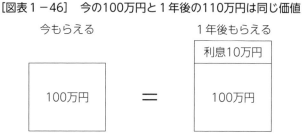

今もらえる　　　　　　　　　　　１年後もらえる

このことから，**将来の100万円の支出を，当期（今）の100万円で評価してはいけない**というはなしになります。では，将来の金額を今の価値に換算するにはどうすればいいのでしょうか。今の資産を複利計算で将来の同等の価値を見積もる方法と，逆のパターンで計算すればいいのです。支払をしなければ利息が発生します。その利息を加味した累積債務が将来の支出額と一致します。

[図表１－47]　当期の683万円は利息が発生し５年目には1,000万円になる

| 当期分 | 2年目 | 3年目 | 4年目 | 5年目 |

当期負担すべき費用
683万円

$$\frac{1,000万円}{(1+10\%)^4}$$

1,000万円　1,000万円　1,000万円　1,000万円

5,000万円

『当期に負担すべき費用』,『当期に認識すべき収益』という,あるべき『期間損益』を追求する方向に,企業会計の世界は進化しています。『利益』は,このような会計ルールに基づいて計算されています。ここまで説明すると,もはや『利益』は,『お金』の動きとは違う世界でロジックが構築されていることがわかると思います。

(6) キャッシュ・フロー計算書の登場

会計ビッグバンにより,『利益』と『お金の動き』の乖離が激しくなることは当然わかっていることでした。そこで,大幅な会計基準のルールの見直しのタイミングで,**『お金の動き』**がわかる**『キャッシュ・フロー計算書(C/F)』**を作るというはなしになりました(**図表1-43**参照)。キャッシュ・フロー計算書は,期首の現預金の残高と,期末の現預金の残高の増減を,簡便的な方法で集計して作成される書類です。

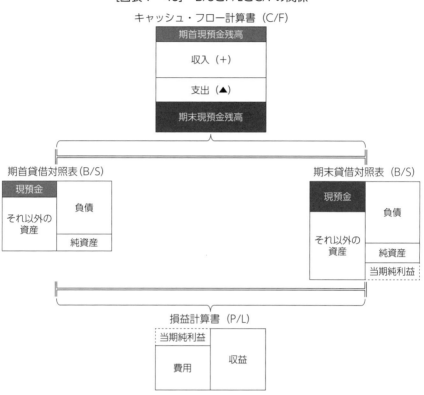

[図表1−48] B/SとP/LとC/Fの関係

キャッシュ・フロー計算書（C/F）

| 期首現預金残高 |
| 収入（＋） |
| 支出（▲） |
| 期末現預金残高 |

期首貸借対照表(B/S)

| 現預金 | 負債 |
| それ以外の資産 | 純資産 |

期末貸借対照表（B/S）

現預金	負債
それ以外の資産	純資産
	当期純利益

損益計算書（P/L）

| 当期純利益 | |
| 費用 | 収益 |

　会社の現預金は，さまざまな要因で増加することもあれば，減少もします。期首と期末の現預金の差額が増えていた場合，本業の稼ぎで増えているのが最も望ましいことですが，銀行から借入れをしても，現預金は増えます。そこで，C/Fでは，現預金の増減理由を大きく3つのグループに分けて集計するというルールになっています。

　入金（キャッシュ・イン・フロー）は，『本業における入金』（営業活動）＋『資産の処分による入金』（投資活動）＋『借入れ，増資などの資金調達による入金』（財務活動）という3つのグループで集計します。一方，出金（キャッシュ・アウト・フロー）は，『本業における支出』（営業活動）＋『資産の取得

による支出』（投資活動）＋『借入返済，配当金などに係る支出』（財務活動）という３つのグループで集計します。

[図表１－49]　C/Fの３つのグループ

営業活動	収入 （+）	×××
	支出 （▲）	▲×××
①営業活動によるキャッシュ・フロー		×××
投資活動	収入 （+）	×××
	支出 （▲）	▲×××
②投資活動によるキャッシュ・フロー		▲×××
財務活動	収入 （+）	×××
	支出 （▲）	▲×××
③財務活動によるキャッシュ・フロー		×××
④現預金の増減額 （①+②+③）		×××
⑤現預金の期首残高		×××
現預金の期末残高 （④+⑤）		×××

　１つ目のグループは，『営業活動によるキャッシュ・フロー』です。本業でこの１年間どれだけ稼いだかを表します。営業活動の金額の算出には，C/F作成者は大変な作業を要するのですが，読む側としては単純で，当期の現預金の増減のうち，以下で説明する『投資活動によるキャッシュ・フロー』，『財務活動によるキャッシュ・フロー』を除いた金額なのだと理解すれば大丈夫です。このグループが，その会社にとっての稼ぐ実力を表すことになり，健全な会社であれば，プラスの収支になるべきところです。

　２つ目のグループは，『投資活動によるキャッシュ・フロー』です。有形固定資産の取得，売却，無形固定資産の取得，売却，投資有価証券の取得，売却，敷金の差入れ，解約など，B/Sの資産の増減に係る現預金の出入りを表します。

保有している資産科目を現金化する機会は少なく，資産の取得のための支出が多くなるため，マイナスの収支になることが一般的です。

　3つ目のグループは，『**財務活動によるキャッシュ・フロー**』です。金銭消費貸借契約の締結による借入れや返済，社債の発行による調達や償還，増資による調達や配当金の支払など，B/Sの負債，純資産に関する資金調達，返済状況を表します。調達が多い会計期間もあれば，返済しかない会計期間があるなど，その時の状況によって収支状況は変わります。

　この**図表1－49**は，損益計算書（P/L）と同じ期間の現預金の動きを表しています。したがって，キャッシュ・フロー計算書（C/F）は，『**過去**』の現預金の動きの結果を表しています。未来の資金がどうなるのかという見込みがわかるわけではありません。

　また，C/Fを作成するには，集計したいスタートのB/SとゴールのB/Sの2期分の資料が必要です（簡便法の場合）。積上計算するというのではなく，B/Sの差額をベースとして現預金の動きを捉えるアプローチをとります。未来の資金予測をするためにC/Fを活用する場合，先に未来のB/Sを作成する必要があります。直接法という方法でC/Fを作成することもできますが，この方法を大多数の会社が採用しないのは，実務的に大変だからです。そのような苦労をするくらいでしたら，損益の計画に基づき，収入の見込みと支出の見込みを直接集計して収支をまとめるという，普通の資金繰表を作成したほうがはるかに効率的です。

　よって，C/Fは，外部利害関係者が，会社の現預金の出入りの構造を知るという点では有用ですが，内部で，将来の事業の計画のために活用するという点では使いづらいといえます。

　近年，決算書という道具が進化しすぎて，複雑で難解になっています。C/Fという書類も登場していますが，やはり，活用という意味では，B/SとP/Lが主役です。決算書の構造を活用しようと勉強している私たちとしては，どうす

ればいいのでしょうか。

　まず，**単年度の決算書**の『利益』と『お金の動き』は一致していないという認識を持ちましょう。次に，長期的には『利益』と『お金の動き』は収れんしていく，すなわち一致するという点は，会計のルールがどのように変わっても影響を受けないという認識を持ちましょう。最後に，基本は，『投資』以上の資金を『回収』することです。ということは，長期的に稼ぐためには，『お金の動き』で考えたほうが，シンプルであり，計画もシミュレーションもしやすくなります。決算書の『左』と『右』，『上』と『下』という基本的な構造を活用しながら，資金の支出，入金ベースで考えるというスタンスを身につけることが重要です。決算書のフレームワークだけを，うまく活用できるようになりたいということです。

[図表1−50]　B/S，P/Lの構造を活用して資金の回収を最大化する

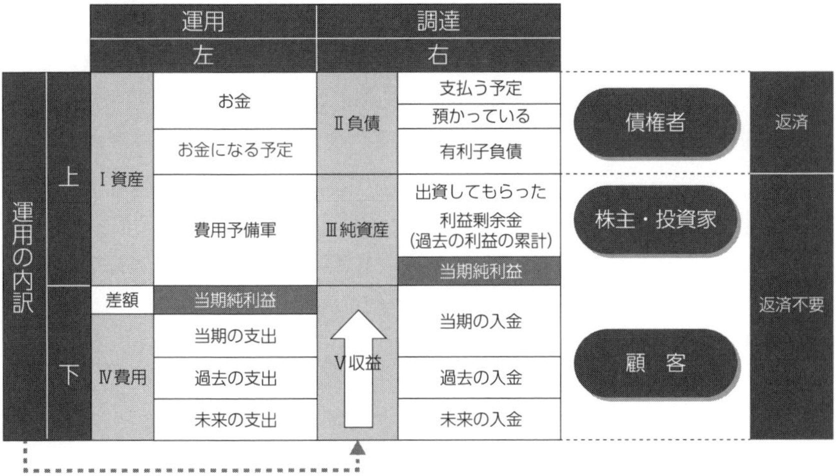

決算書は万能な地図ではない

　会社の活動は，2次元で表現できるものではなく，もっと複雑です。しかし，決算書は，2次元の平面図で表現するものです。会社の状況や立ち位置を，一定のルールのもと，明瞭，簡潔に表現しようとするのは，地図に似ています。

　地球の表面を平面図で表す地図としてよく目にするのは，メルカトル図法で作成された地図だと思います。しかし，このメルカトル図法は，万能な地図ではありません。角度は正確ですが，方位，距離，面積は正確ではありません。他の地図に関しても，角度，方位，距離，面積がすべて正確で，かつ見やすいという地図はありません。球体を強引に平面図に置き換えているため，どこかに歪みが生じます。

　決算書も同じようなことで，複雑な会社の活動を平面的な図で表現しようとすると，どこかに歪みが生じます。地図と同様，何を基準にするかで，何かが犠牲になります。歴史を辿ると，決算書は，『一定期間』の経営成績を正しく表現することに重点が置かれてきました。それに加え，近年は，貸借対照表（B/S）の『資産』と『負債』の実態を，過去の支出や取引金額ではなく，将来の見積金額で表現したいという傾向が強くなっています。P/Lの一定期間の経営成績を重視すると，その調整項目がB/Sに影響します。一方，B/Sの将来見積りを重視すると，その調整項目はP/Lに影響します。決算書の上と下は移動できるからです。B/Sの財政状態とP/Lの経営成績を，同時に理論的に表現しようとしてもできません。決算書も万能ではないとうことです。

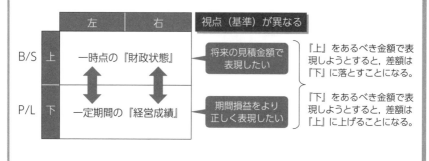

第 **2** 章

決算書を見る
── 手掛かりとなる情報を得る

1 決算書を通して何を見たいのか，見られているのか

（1） 決算書が外部との窓口である

　決算書の特徴，クセを理解したら，まずは，決算書の**読み手の立場**から，どのように活用されるのかを見ていきたいと思います。

　決算書は，外部の利害関係者（ステークホルダー）に報告するために作られる書類です。そして，基本的には，この書類が，会社と読者である外部利害関係者をつなぐ接点であり，窓口になります。

[図表2-1]　外部ステークホルダーとの窓口

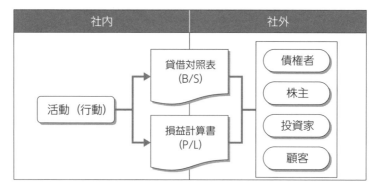

　外部利害関係者は，決算書以外に会社の情報を得る手段がないのかというと，必ずしもそうではありません。大きく分けて3つのパターンの手段があります。

[図表2-2] 読み手のパターン

No.	パターン	会社との距離感	特徴
1	決算書のみで判断する	遠	限られた情報で判断
2	決算書＋経営者などと情報交換の機会がある	中	決算書を補足する情報を得られる
3	決算書＋会社の財務情報を直接確認できる	近	決算書を手掛かりに，情報を直接集めることができる

　決算書以外の情報を得られる機会があるかどうか，さらに，得られる情報の質・程度で分けています。

　『決算書のみで判断する』は，決算書あるいは公表されている情報以外に財務の情報を得られる機会がないパターンで，読み手が気になることがあったとしても，確認する手段がない場合です。この場合は，基本的には，決算書しか判断材料がありません。

　『決算書＋経営者などと情報交換の機会がある』は，会社に出入りできる機会があるパターンで，読み手が気になることがあった場合，口頭で質問をすることができ，何か追加で資料を依頼することが可能な場合です。

　『決算書＋会社の財務情報を直接確認できる』は，子会社など支配している会社を除けば，短期間という時間的制約条件はあるものの，決算書以外の詳細な財務情報を読み手自身が直接確認することができる場合です。

　会社との距離感が，近いか遠いかによって，得られる情報が変わります。

　このパターンで，見られる立場，見る立場で考えた場合，どのような目的で決算書を見るのか，主なものを整理すると次のようになります。

[図表2-3] 見られる立場，見る立場

No.	パターン	会社との距離感	見られる立場	見る立場
1	決算書のみで判断する	遠	① 取引先，取引候補者として安心して取引できるか ② 投資対象として適格か（個人投資家）	① 取引先，取引候補者として安心して取引できるか
2	決算書＋経営者などと情報交換の機会がある	中	① 返済可能か ② 投資対象として適格か（機関投資家）	
3	決算書＋会社の財務情報を直接確認できる	近	① 投資額以上で回収できそうか（M&A）	① 投資額以上で回収できそうか（M&A）

1－①は，短期的な目線です。発注した業務を遂行してもらえるか，売上債権は正常に回収できるかなど，取引先との取引に，問題が発生する兆候がないかを探る目的で決算書を見ます。これは，自社もそうですが，相手先の会社からも，自社と取引しても問題ないかという目線で見られます。

　1－②は，主に一般投資家（個人投資家）が投資判断の材料として使う場合です。短期的な目線なのか，長期的な目線なのかは，投資家の考えによって異なってきます。一般的には，決算書の情報から，割安なのか，将来価値が上がる可能性があるのかを，投資家の基準で判断します。

　2－①は，主に金融機関が，会社に融資を行うような場合です。財務的に問題ないことが貸出しの条件になりますから，決算書以外に気になる点については，会社に質問や資料依頼を行います。

　2－②は，一般投資家と異なり，経営者と直接コミュニケーションがとれる立場の投資家です。一般投資家と同様に，将来価値が上がる可能性があるかを判断するため，気になる点については，直接経営者とディスカッションして判断材料の裏付けを取ろうとします。

　3－①は，M&Aで対象会社を評価して，投資するかどうか意思決定を行うような場合です。投資するには，価値を査定する必要があります。決算書を手掛かりに，効率的に必要な情報を集めます。

　このように，見られる立場，見る立場，活用シーンによって，決算書の見方が変わります。本書では，活用シーンとして，1－①『取引先，取引候補者として安心して取引できるか』を，『見られる立場』，『見る立場』の双方から，3－①『投資額以上で回収できそうか（M&A）』を，『見る立場』から，どのような意識で決算書を見ていけばいいのか，見方のポイントについて取り上げます。

（2） 決算書を見るときの２つの視点

　活用シーンを**図表２－３**で説明しましたが，『見られる立場』でも『見る立場』でも，共通する視点があります。どのような意識で，決算書を見ようとしているかということです。

---

① **財務に不安がないか（マイナス材料を払拭したい）**

② **将来性があるか（プラスの期待）**

　不安材料がないか（①）という視点と，**将来どれくらい伸びるか（②）**という視点です。①または②のどちらかの視点で見る場合もあれば，どちらも同時に確認するために見る場合もあります。

[図表２－４]　プラスの期待，マイナス材料の有無

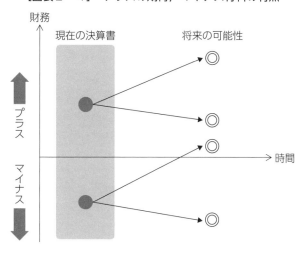

　現在の決算書だけで，何らかの判断を行う場合もあれば，将来の可能性を考

慮して判断する場合もあります。ただし，将来の可能性は，現在の決算書からは得られない情報です。その場合，『**過去から現在までの実績をベースに将来を推測する**』，『**将来の可能性を検討するために必要な情報を取りにいく**』という2つの行動が考えられますが，後者は，実行可能性がかなり限定されます。そのため，『**見られる立場**』，『**見る立場**』どちらにおいても，『**過去から現在までの実績をベースに将来を推測する**』というアプローチが多くとられ，それを前提とした分析方法があります。ただし，あくまでも推測ですので，『**兆候**』を探るということになります。モニターとして活用し，兆候を見て，どう判断するかは，読者が行います。

　先ほどの**図表2-4**の縦軸は『**財務**』となっていますが，そもそも，何を基準とすべきでしょうか。継続的に稼ぎ続ける組織の条件は，『**回収-支出＞0**』でした。ここでも，基準はこれをベースに考えます。

[図表2-5]　決算書を見るときの基準

決算書を見るときの視点	基準
① 財務に不安がないか（マイナス材料を払拭したい）　➡	"＞0"の状態であるか
② 将来性があるか（プラスの期待）　➡	"＞0"の大きさ

　現代の決算書は，『**回収-支出＞0**』というお金の動きで表現されていないとうことを第1章で勉強しました。直接的には"＞0"か否か，回収が支出をどれくらい上回っているかを確認することはできません。決算書から，『**回収-支出＞0**』の検討になりうる情報を集め，そこから得られた情報から，『**回収-支出＞0**』というロジックを自分たちで**構築**します。ロジックを構築するためには，決算書の構造がわかっていないと，そこから何が読み取れるのか，読み取るべきなのか，想像力が働きません。統一ルールで報告用に作成され，きれいに整えられた決算書を，お金の動きという観点で，もう一度バラして，知りたいことをひもといていく作業を行う必要があります。

（3） 読み手としての決算書の上下左右

　読み手としては，決算書からさまざまな情報を読み取りたいと考えます。限られた情報の中でも，工夫をすれば，貴重な情報が見えてくることがあります。また決算書は，『Ⅰ資産』，『Ⅱ負債』，『Ⅲ純資産』，『Ⅳ費用』，『Ⅴ収益』の**表示に関するルール**もあります。その表示のルールを，読み手はうまく活用します。

[図表2−6]　B/Sの流動・固定区分例

上		左		右	
	Ⅰ資産	流動資産	小口現金 当座預金 普通預金 定期預金 受取手形 売掛金 商品 製品 原材料 仕掛品 貯蔵品 前渡金 立替金 前払費用 短期貸付金 未収入金 仮払金 預け金 貸倒引当金	Ⅱ負債	流動負債
					買掛金 支払手形 短期借入金 1年以内返済予定長期借入金 未払金 未払費用 リース債務 賞与引当金 未払法人税等 未払消費税等 前受金 預り金 前受収益 仮受金
		固定資産	建物 附属設備 構築物 機械装置 車両運搬具 工具器具備品 土地 電話加入権 ソフトウェア 投資有価証券 出資金 繰延税金資産 差入保証金 長期貸付金 長期前払費用	固定負債	リース債務 資産除去債務 長期借入金 社債 退職給付引当金 役員退職慰労引当金

まずは，『上』であるB/Sについてです。『Ⅰ資産』，『Ⅱ負債』は，『流動』と『固定』に科目を分類することになっています。『Ⅰ資産』の『流動資産』は，正常な営業活動の中で循環している資産科目です。現預金，売上債権，棚卸資産などが該当します。それ以外の科目については，決算期末から見て，1年以内に『お金』になる予定の科目は『流動資産』，1年を超える予定の科目を『固定資産』に分類します。一方，『Ⅱ負債』については，正常な営業活動の中で循環して生じる科目は『流動負債』，それ以外は，決算期末から見て返済期限が短期（基本的に1年）に到来する科目は『流動負債』に，1年を超える予定の科目を『固定負債』に分類します。

　さらに流動資産と流動負債は，一部を『**運転資本**』という形で括る考え方があります。運転資本とは，会社が日常的に業務を遂行するために，短期的に確保しておくべき『お金』のことです。入金と出金のタイミングのズレにより，『お金』になる予定だが，実際には，**まだ『お金』になっていないという状態**があります。その未入金分を確保しておかなければ，他の投資にお金を回すことができません（P/Lの『Ⅳ費用』は，『Ⅴ収益』によって『お金』が賄えるという前提です）。例えば，また次の販売用のために，商品を仕入れようと思っていても，購入資金がないということになります。

　運転資本は，一般的に，『**売上債権＋棚卸資産－仕入債務**』で求めます。

[図表2－7]　流動資産・流動負債をさらに分解する

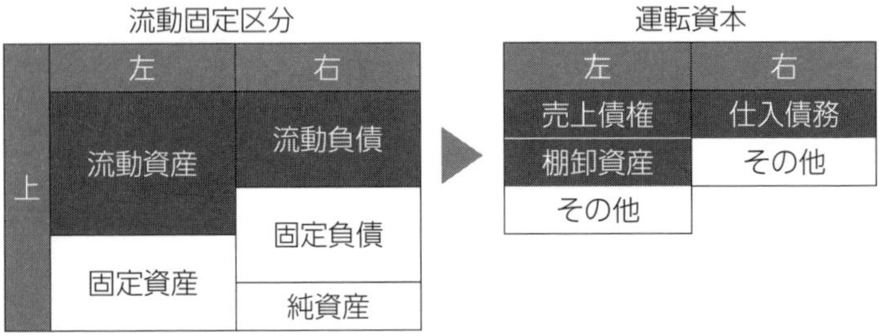

次に，『下』であるP/Lについてです。『Ⅳ費用』，『Ⅴ収益』は，発生の性質の内容に応じて分けられている区分利益を活用することができます。

[図表2−8]　区分利益

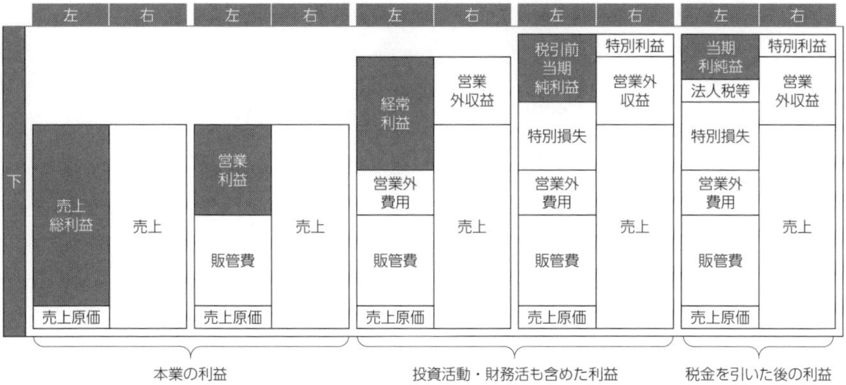

左	右	左	右	左	右	左	右	左	右
						税引前当期純利益	特別利益	当期純利益	特別利益
				経常利益	営業外収益		営業外収益	法人税等	営業外収益
						特別損失		特別損失	
売上総利益	売上	営業利益	売上	営業外費用	売上	営業外費用	売上	営業外費用	売上
		販管費		販管費		販管費		販管費	
売上原価		売上原価		売上原価		売上原価		売上原価	

本業の利益　　　　　　　　　　投資活動・財務活も含めた利益　　　税金を引いた後の利益

こうして，上下左右をできる限り分類し，情報を得る努力をしていきます。

2 決算書のみで 手掛かりを得たいとき

（1） 取引先，取引候補者として安心して取引できるか

　取引先と取引を行っているとき，行おうとするとき，一番困るのは，取引先の倒産です。そして，突然その事態は訪れます。事前に対策を打たないと，自社も損害を被ることがあります。**取引先が倒産する可能性がないかという安全性**を検討することが中心になります。前節（2）の決算書を見るときの視点でいうと，『**①財務に不安がないか**』になります。判断基準としては，『**短期で回収－支出＜0**』という状態になったらいけないということになります。資金繰り表は開示される資料ではないため，決算書を手掛かりに検討していく必要があります。中心となるのはB/Sです。アプローチ方法としては，主に3点あります。

> ●債務超過
> ●運転資本
> ●財務比率

　すべて，『**近い将来支払ができなくなるおそれがある可能性を探る**』ためのアプローチです。

　ところで，倒産とはそもそもどういうことでしょうか。倒産というのは，会社が弁済すべき債務が支払不能な状態に陥り，それが原因で，**事業が継続できなくなる**ことをいいます。法的な倒産，事実上の倒産とありますが，支払の猶

予が認められなくなった状態という意味では変わりません。

　決算書をお金の支払能力という観点から俯瞰的に捉えるとき，P/Lよりもむしろ『ストック』情報であるB/Sのほうが，重要性が増します。次のB/Sを見てください。

[図表２−９]　B/SのⅠ資産とⅡ負債の関係

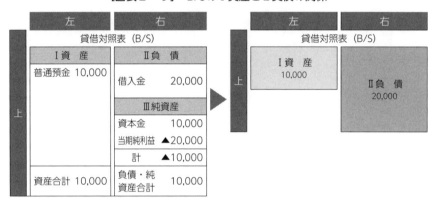

　図表２−９のB/Sの『Ⅰ資産』と『Ⅱ負債』は次のような関係になっています。

[図表２−10]　Ⅰ資産とⅡ負債の比較

Ⅰ資産 < Ⅱ負債

　『Ⅰ資産』よりも『Ⅱ負債』が大きい状態のことを『債務超過』といいます。この状態がなぜ危険なのかというと，**資産を『お金の価値』として見た場合，すべてを負債の返済に充てたとしても，計算上返済資金が足りない**からです。これは非常に極端な例ですが，債務超過だからといって，すぐに負債が返済できなくなるわけではありません。しかし，**手段が尽きた時**には支払不能な状態になりますので，財務的には非常に危ない状態だということはわかります。

　ただし，債務超過が，危険信号の**分岐点**ではありません。ギリギリ債務超過

を回避しているから安全と判断するのではなく，債務超過にどれだけ近い状態かを確認することが重要です。次の**図表2－11**の2つのB/Sを見てください。

[図表2－11] どちらのB/Sが債務超過に近いか

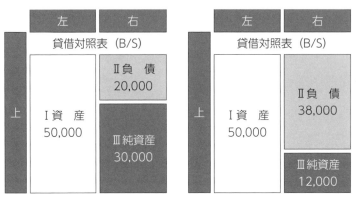

右側のB/Sのほうが債務超過に近い状態であることがわかります。『**Ⅰ資産**』と『**Ⅱ負債**』の差額は『**Ⅲ純資産**』であり，この大きさを，安全度を図る指標として使うこともできます。『Ⅰ資産』と『Ⅲ純資産』を使って比率で表すことができます。

$$
自己資本比率（\%）= \frac{Ⅲ 純資産}{Ⅰ 資 産} \times 100
$$

この比率を**自己資本比率**といいます。図表2－11の例では，左のB/Sは60％，右のB/Sは24％と計算することができます。比率が高いほど，債務超過の状態から遠ざかるという意味になります。使い方としては，危険水準となる比率を会社としてあらかじめ基準値として定めておき，当該基準値と比べるという方法があります。債務超過は，最悪のケースであり，ないことが普通です。あくまでも，**入口として確認**するという形です。

次に，『近いうちに回収－支出＜０』になる可能性を探る手掛かりとして，
『運転資本』の確認があります。買掛金は，支払が一定期間猶予される債務です。
一方，棚卸資産は販売前の状態ですので，まだ『お金』は支出しただけの状態
です。そして販売が完了したとしても，売掛金が回収されるまでは，まだ『お
金』ではありません。したがって，棚卸資産として保有する期間と売掛金の期
間から買掛金の期間を控除した期間が，『お金』がない期間になります。

[図表２－12]　運転資本

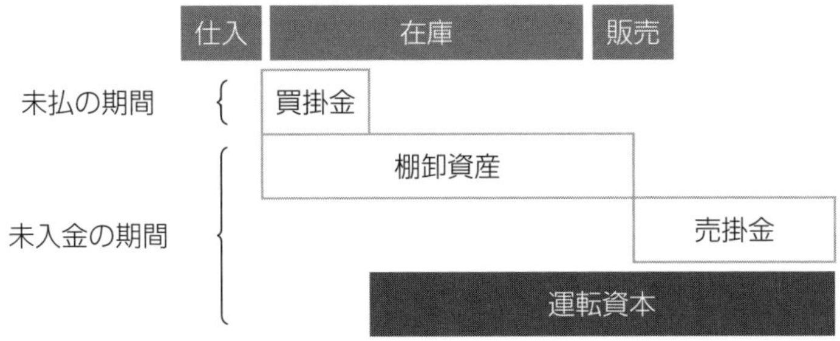

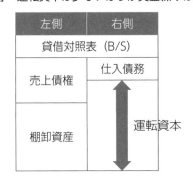

運転資本は，少ないほうが，資金繰り上は楽になります。

[図表２－13]　運転資本は少ないほうが資金繰りは楽である

左側	右側
貸借対照表（B/S）	
売上債権	仕入債務
	運転資本
棚卸資産	

運転資本が少ないということは，『Ⅰ資産』が減り，『Ⅱ負債』が増えること

を意味します。資産が増えるほうがよいのではないか，債務超過の判定では『Ⅰ資産』＜『Ⅱ負債』はよくないと説明していたではないか，と思うかもしれません。一見矛盾しているようですが，順を追って考えていけば，整合しています。まず，債務超過の判定においては，前提として，**資産を『お金の価値』として見た場合**としています。『いつ』という時間軸は考慮していません。非常に大きな視点で概観する方法です。一方，運転資本は，時間軸を考慮した短期の視点です。約定日には資金が足りないが，来月には，ある得意先からの売上代金が入金されるから，その入金があれば払えるという考えは，ビジネスの世界ではアウトです。支払をすべき日にお金がなければ意味がありません。見方を変えますと，売上債権や棚卸資産を早期に『お金』に変えることができれば，B/Sの総資産は変わらず，また，運転資本の回収速度が早まれば，『お金』がさらに増えるため，債務超過にはなりません。運転資本の確認は，『お金』になっていない部分が，**過剰になっていないか**を知るというアプローチです。どれくらいの水準が適正であるのかは，業界・業種によって異なりますが，少ないほうが，財務は安定的になるということは共通です。

　そして，最後に，財務比率を用いたアプローチについて説明します。お金の動き（資金繰り）を知るにあたって，B/Sから手掛かりを得る方法が多く考えられているのは，決算書の構造上，お金の動きのスピードに関するヒントが詰まっているからです。B/Sの『Ⅰ資産』には，『将来費用になる予備軍』がかなりの割合を占めています。ここに属する科目は，お金の使い方が期待どおりにいけば，投資額以上の回収がされる見込みのため，『お金』が投資額以上で戻ってくるはずです。しかし，『お金』の回収予定時期は，早い投資もあれば，遅い投資もあります。一方，『Ⅱ負債』についても，支払時期が早い負債もあれば，遅い負債もあります。

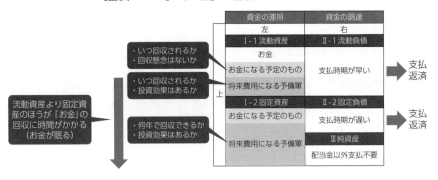

[図表2－14] 『お金』が回収されるスピード

B/Sの科目を個別に見るのではなく，『流動区分』，『固定区分』というグループを活用した確認方法がありますので，代表的な確認方法を紹介します。

まずは，流動区分に着目した指標です。

① 流動比率（％） ＝ $\dfrac{流動資産}{流動負債}$ × 100

② 当座比率（％） ＝ $\dfrac{当座資産}{流動負債}$ × 100

③ 手元流動性比率（％） ＝ $\dfrac{現預金＋短期有価証券}{月商（売上高÷12）}$ × 100

これらの指標は，短期的に返済が必要な負債に対して，すぐに準備できるお金がどれくらいあるのかを確認するときに使用します。

まず，流動比率が100％を超えていれば，理論上は支払えると考えられます。

次に，当座比率は，流動比率よりもう少し厳しく見る方法です。当座資産とは，流動資産の中の『現金』＋『預金』＋『売上債権』＋『短期間で容易に換金できる有価証券・債券』です。現預金と短期に現金化できる資産の合計を流動負債と比べたものであり，この指標が100％を超えていれば，安全性はさらに高くなると考えられます。

[図表 2 −15]　流動比率と当座比率

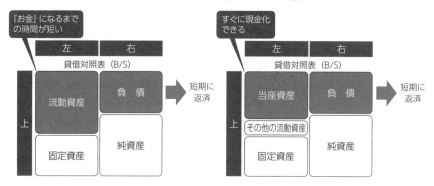

　最後に，手元流動性比率は，少し視点を変えた指標です。手持ちの資金（短期有価証券は容易に換金できる）として，**月の売上の何か月分**保有しているのかを表すことができます。売上は重要な調達手段の１つです。ただし，売上は，常に安定的に計上できるとは限りません。特に，外部的事情，内部的事情により，売上の急激な減少，営業活動ができなくなる場合があります。そのような最悪の事態に備え，売上がなくても，最低どれだけ耐えられるかを確認できます。

[図表 2 −16]　手元流動性比率

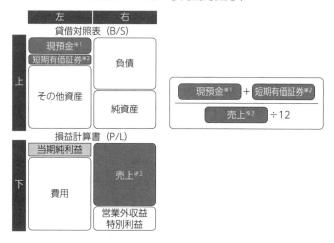

次は，固定区分に着目した指標です。

$$① \quad 固定比率（\%）= \frac{固定資産}{純資産} \times 100$$

$$② \quad 固定長期適合率（\%）= \frac{固定資産}{固定負債＋純資産} \times 100$$

　固定比率は，固定資産と純資産を比較した指標です。固定資産に属する科目は，『お金』にはなるかもしれないが，回収までに時間がかかる『**お金になるまでの時間が長い**』資産です。このような資産は，『Ⅱ負債』で調達するよりも，『Ⅲ純資産』，すなわち返済不要な自己資金で賄うことが理想的な姿です。したがって，100％を切ることが理想といえますが，現実はなかなか難しいです。しかし，安全度の観点からは，なるべく比率は低いほうが望ましいということがわかります。

　次に，固定長期適合率ですが，固定比率より，もう少し比較対象を広げた指標です。固定負債は返済する必要がありますが，返済期間が長期間のため，『お金』になるまでの時間が長い固定資産の取得を，自己資金である純資産と固定負債で賄える状況ならば，ある程度，安心できるという意味になります。裏を返すと，固定資産の調達を，『流動負債』で賄うのは，お金の流れの時間軸から考えると，危険だということがわかります。

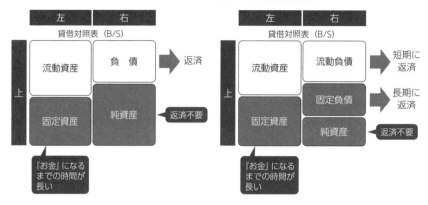

[図表2-17]　固定比率と固定長期適合率

　現場の営業担当者は，日ごろ取引先と接しており，取引先の商流や取引規模などを把握する機会は多いと思います。取引条件，契約内容，決済条件などには詳しいはずです。その現場の常識と決算書の数字を照らし合わせることで，異常な数値を発見できる場合があります。特に次の3つの分析は重要です。

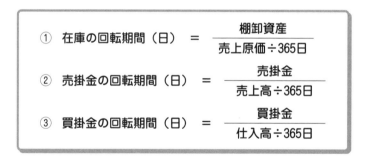

　いずれも，B/S（上）の残高とP/L（下）の関連科目の相関関係を見る指標です。3つの指標の分母は，**1日分**の売上原価，売上高，仕入高です（365日とあるのを12か月にすれば1か月分で計算できます）。その1日分の金額に対して，**B/Sの残高は何倍か，つまり何日相当分か**を表すことができます。在庫の回転期間は，平均して何日で在庫が捌けるかを表します。売掛金の回転期間は，販売してからおおよそ何日で代金を回収できるかを表します。買掛金の回

転期間は，仕入れてからおおよそ何日で代金を支払うかを表します。

[図表2−18]　回転期間分析

※　売上原価＝期首棚卸高＋仕入高−期末棚卸高

　これらの決算書から得られる指標と現場の感覚を照らし合わせます。現場の感覚と明らかに乖離している場合，正常ではない，異常な要素が含まれている可能性を考え，その懸念点を解消するという意識を持って，現場での情報収集を行います。例えば，棚卸資産は，正常在庫以外の不良在庫が含まれている，粉飾などで利益を操作している可能性があります。売掛金は，回収不能の債権が含まれている，粉飾などで利益を操作している可能性があります。このような場合，数字が膨らみます。資金繰りを悪化させる要因になりやすく，不正な処理が起こりやすい科目でもあります。このとき，現場の普通の感覚との確認が大事なのです。安全性の観点からは，注意しても，し過ぎることはありません。

　毎年決算書が入手できるという前提ですが，年次の比較を行うことで，かなり貴重な手掛かりを得ることができます。P/L（下）を比較する人は多いと思いますが，ここで行いたいことは，B/S（上）の科目も比較することです。比較するうえで，俯瞰的にチェックすべきポイントは，特に次の3つです。

> ① 残高が変わらない資産科目はないか
> ② 有利子負債が増えていないか
> ③ 各比率の趨勢が悪化していないか

　本来変化があるべき，特に減少すべき残高に変化がない資産科目は要注意です。正常ではない，異常な要素が含まれている可能性があります。例えば，未収入金や貸付金が何年も同じ残高の場合，回収がほぼ見込めないと疑う必要があります。有利子負債の増加と各比率の悪化は，安全性のトレンドの変化を捉えることに役立ちます。

[図表２－19]　時系列で変化の合理性を見る

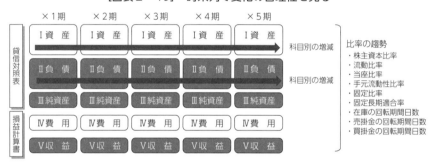

　以上，安心して取引できる相手かどうかを検討するための代表的なアプローチを紹介しましたが，いずれもできることは，資金ショートする可能性を複眼的に確認し，兆候を探ろうとしているところまでです。いつ，いくら資金が不足するという計算を行っているわけではありません。

　見られる立場の場合，このような分析を取引先が行っているかもしれません。それに対し，見る立場の場合は，ここからもう一歩進めたいところです。注意深く取引先の決算書を分析するようになると，取引先を観察する視点や視野

が広がります。もし，取引先の安全性に問題が生じている兆候が発見されたとき，<u>自社としても，財務の安全性を担保するための行動をとる必要があります。</u>与信枠を下げる，前受金を受け取る，中間金を受け取る，納品時は残金決済にするなどの決済条件の変更，保証金などの担保を取る，取引を停止するなど，リスクを回避，低減するための行動を事前に起こすことができます。

（2）　投資対象として評価されるとき—ROAとROE

　次は，見られる立場のはなしです。外部からどのような視点で見られるのか，いくつか重要なポイントを紹介します。その知識は，自分たちが，応用して使うこともできます。

　投資対象として評価されるとき，重要視される視点は，『上手に儲けているか』ということです。『儲かっているか』のみならず，『効率的に儲かっているか』ということも重要です。『投資効率』がよいかというはなしです。そして，投資効率の評価は，『インプット』と『アウトプット』の関係で測定します。その基本形が，『投資』と『回収』です。つまり，お金の動きで効率性を測るということです。ただし，決算書は，直接的には，お金の動きを表していませんので，違うアプローチで投資効率の評価に資する情報を集めます。

　『インプット』と『アウトプット』の関係を評価するとき，『インプット』を『調達した資金』と捉える分析方法があります。<u>調達した資金を活用して，どれだけの成果を上げたか</u>を測定します。

　例えば，10万円を投下して1万円儲けたビジネスと，10万円を投下して2万円儲けたビジネスがあったとします。どちらが儲け方としては優れていますか？　同じ10万円を投下するなら，1万円回収するよりも2万円回収できるビ

ジネスに投資したいと考えます。後者のビジネスのほうが，**投資効率**がよいと
考えることができます。どれだけお金をうまく使っているかがポイントです。

　『**インプット**』を『**調達した資金**』とし，それに対する成果を測るとき，B/
SとP/Lを用いる方法があります。

[図表2-20]　調達した資金とⅠ資産はイコールの関係

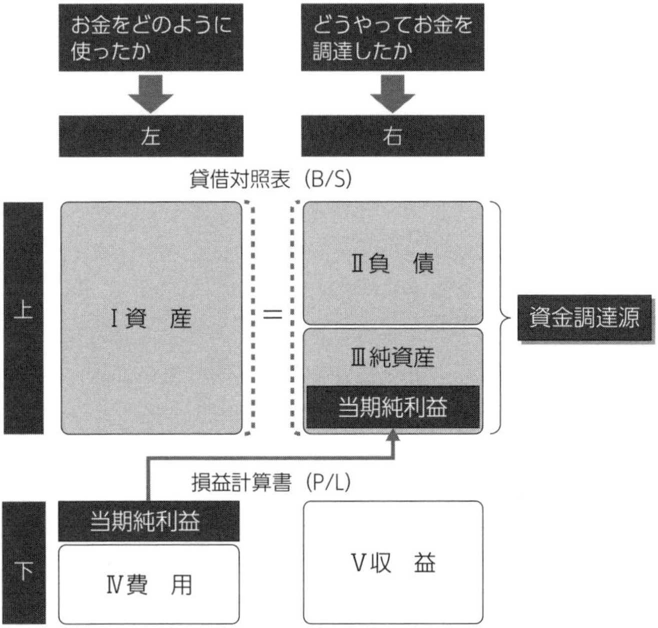

　資金の調達源は，B/Sの右になりますから，調達した資金の合計は，B/Sの
左である『Ⅰ資産』と考えることができます。ここから，会社の投資の効率性
を測定することができます。インプットは，『Ⅰ資産』です。そしてアウトプッ
トは，『利益』を使います。『利益』といっても，P/Lには，さまざまな区分の
利益があります。一般的には，『Ⅴ収益』と『Ⅳ費用』の差額である『**当期純
利益**』を用います。

[図表 2 −21]　Return On Assets（ROA）

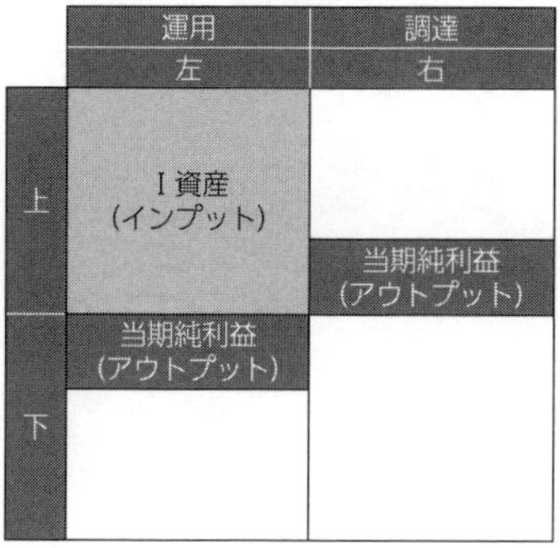

運用	調達
左	右

（運用・左・上）Ⅰ資産（インプット）
（調達・右・上 下段）当期純利益（アウトプット）
（運用・左・下）当期純利益（アウトプット）

$$ROA（\%） = \frac{当期純利益}{総資産} \times 100$$

　当期純利益を総資産（『Ⅰ資産』）で割った比率のことを，**総資産利益率 (ROA)** といいます。**調達した資金をすべて**使って，どれだけの利益を生み出したかを表します。先ほどの，「10万円を投下して2万円儲けたビジネス」の例の見方を変えて考えると，10万円を投下して2万円儲けたビジネス（2万円÷10万円＝20％）よりも，5万円を投下して2万円儲けたビジネス（2万円÷5万円＝40％）のほうが，投資効率がよいと判断できます。

[図表2-22]　ROAによる比較

$$\text{ROA} = \frac{20,000}{100,000} \times 100 \ = 20\% \ < \ \text{ROA} = \frac{20,000}{50,000} \times 100 \ = 40\%$$

　つまり，同じ投資額であれば，より利益が出るビジネスのほうが優れており，同じ利益であれば，少ない投資で実現できるビジネスのほうが優れているということです。

　『調達した資金のすべて』は『Ⅰ資産』とイコールです。したがって，ROAによる評価の基本は，B/Sの資産総額（『Ⅰ資産』）が多いことは，必ずしもよいことではなく，多くの利益が期待できない場合には，資産総額を減らして，『お金』の運用効率を上げるべきという評価になります。

　ROAに似た指標として，『**自己資本利益率（ROE）**』という指標があります。

[図表2-23] Return On Equity (ROE)

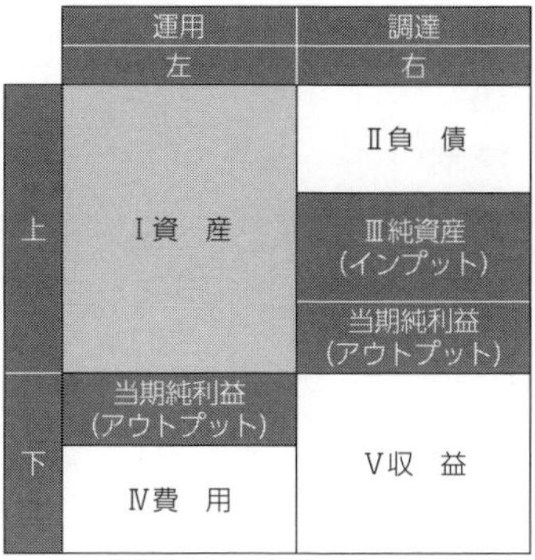

運用	調達
左	右

$$ROE\ (\%)\ =\ \frac{当期純利益}{自己資本^{※}}\ \times\ 100$$

※自己資本＝Ⅲ純資産（当期純利益を含む）

『自己資本利益率（ROE）』とは，当期純利益を自己資本（『Ⅲ純資産』）で割った比率のことをいいます。自己資本は，『**Ⅲ純資産（当期純利益も含む）**』のことであり，株主にとっては持分でもあります。ROAは，分母が『**調達した資金のすべて**』であり，『Ⅱ負債』も含まれているのに対し，ROEは，分母が『**返済不要な資金（自己資金）**』のみという違いがあります。ROAは，会社のすべての資金を使って，いかに効率的に利益を上げているかを測る指標であるのに対して，ROEは，自己資金が，いかに効率的に運用されているかを測る指標になります。どちらも，投資の効率性を確認する指標ですが，ROEは，稼いだ利益を自己資本として再投資した場合の効率性がわかるので，ROEが高い場合には，成長の速度が速くなることが期待できるという，成長性の観点からの評価にも活用されています。

投資家として関心が高いのは，株主の持分に対する投資の効率性を表すROEです。『Ⅲ純資産』は，社内から見ると，返済不要な自己資金ですが，株主から見ると，自分たちの持分です。株主の持分が，どれだけ有効に使われているかという視点になります。純資産が効率よく増加していけば，高い配当が期待できるほか，将来の純資産価値が上がり，株価も上がることが期待できます。

[図表 2 - 24]　東証上場企業のROE

業種	ROE（%）	業種	ROE（%）
全産業	9.44	電気機器	11.76
製造業	10.12	輸送用機器	8.32
非製造業	8.50	精密機器	13.63
水産・農林業	10.19	その他製品	13.64
鉱業	▲ 2.57	電気・ガス業	1.79
建設業	7.93	陸運業	1.48
食料品	9.15	海運業	83.19
繊維製品	5.63	空運業	▲ 17.72
パルプ・紙	7.82	倉庫・運輸関連業	9.45
化学	10.80	情報・通信業	5.02
医薬品	5.84	卸売業	14.91
石油・石炭製品	22.03	小売業	8.10
ゴム製品	4.27	不動産業	8.08
ガラス・土石製品	9.30	サービス業	7.14
鉄鋼	13.60	銀行業	5.01
非鉄金属	12.43	証券、商品先物取引業	11.47
金属製品	7.18	保険業	8.40
機械	9.05	その他金融業	9.62

出典：東京証券取引所（2022年3月期）

　ROA，ROEは，資本効率性ともいわれ，どちらも，業界平均値，ベンチマークとなる同業他社の値と比較するのが一般的です。ただし，この評価方法には，いくつか留意点があります。まず，どちらも一時点での評価であるという点です。積極的な設備投資，人材への投資などにより，総資産が増加することや利益が下がることがあると，指標が下がることがあります。しかし，このような前向きな先行投資は，長期的に見ると，現在よりも高い利益を生み出す可能性もあります。

[図表２−25] 設備投資をした場合，しない場合

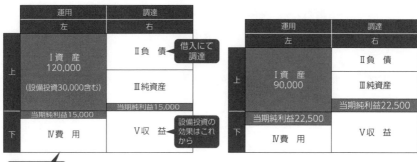

$$ROA = \frac{15,000}{120,000} \times 100 = 12.5\% < ROA = \frac{22,500}{90,000} \times 100 = 25\%$$

　次に，ROEは，分子の利益を増やすか，分母の自己資本を減らすか，どちらの方法でも高めることができます。例えば，配当金の支払，自己株式の取得などを行い，純資産を減らすと，計算上は，ROEの指標は上がります。しかし，純資産を減らした分を負債で資金調達した場合，総資産は変わらず，結果的にROAには変化がありません。

[図表２−26] 自己資本を減らしても同額負債を増やしたらROAは変わらない

$$ROA = \frac{20,000}{100,000} \times 100 = 20\%$$

$$ROE = \frac{20,000}{50,000} \times 100 = \underline{40\%}$$

$$ROA = \frac{20,000}{100,000} \times 100 = 20\%$$

$$ROE = \frac{20,000}{40,000} \times 100 = \underline{50\%} \blacktriangle$$

ROEは，株主・投資家から見ると，非常に関心が高い指標です。しかし，株主・投資家の期待に応えるため，ROEの指標の改善のみに集中していても，資産全体の投資効率が上がらないのであれば，意味はありません。

ROEは，次のように，『売上高利益率』『総資産回転率』『財務レバレッジ』に分解することができます。

$$\text{ROE} = \frac{\text{当期純利益}}{\text{売上}} \times \frac{\text{売上}}{\text{総資産}} \times \frac{\text{総資産}}{\text{純資産}}$$
$$\qquad\ \ \text{(売上高利益率)} \qquad \text{(総資産回転率)} \qquad \text{(財務レバレッジ)}$$

ROEが高い要因，低い要因は，『売上高利益率』『総資産回転率』『財務レバレッジ』のどれかが，あるいはすべてが高い，低いということです。

『売上高利益率』は，**どれだけ利幅があるか**を表しています。決算書のP/Lにある区分利益を用いて算出することもできます。

[図表2－27]　主な利益率分析の指標

この利益率に係る情報は，業界平均データ，ベンチマークとなる同業他社のデータが比較的入手しやすいため，**高い利益率**かどうかよく比較されます。

『総資産回転率』は，**少ない資本でどれだけ稼いでいるか**を表しています。

[図表2−28] 投下した資金が手元に戻ってきたら1回転

　手元にあった『お金』を使い，『投資』します。その効果が表れ，『販売』に至ります。そして，販売代金が手元に戻ります。これで1回転です。Startの『お金』がB/Sの『Ⅰ資産』に，『販売』がP/Lの『売上』に相当します。P/Lはフローですから，発生した売上は累計されていきます。B/Sはストックですから，期末の残高です。フローをストックで割れば，何回転したかわかります。回転数が大きいということは，投資したお金がぐるぐる回っているということです。そして，この回転率という指標についても，業界平均，ベンチマークとなる同業他社のデータと比較（決算データがあれば計算は可能です）することにより，『効率性』の優劣を確認することができます。

　『財務レバレッジ』は，**総資産が自己資本の何倍になるか**を表しています。財務レバレッジが高いということは，他人資本である『Ⅱ負債』の割合が高いということです。株主の視点からは，テコの原理で，他人資本を活用して投資資金を増やし，利益額を増やしたいという発想です。

　ROEを高めるポイントは，『売上高利益率』『総資産回転率』『財務レバレッジ』の3つが，それぞれ高くなることです。『売上高利益率』と『総資産回転率』は，短期に指標が改善できるとは限りません。しかし，『財務レバレッジ』は，分母の純資産を下げれば，指標は上がります。配当性向を高める，自己株式を

取得する（出資の払戻しになるため，純資産のマイナスで処理するという会計のルールがあります）という行動は，投資家にとって好ましいことです。自己株式の取得のニュースによって株価が反応するのは，このような理由があるからです。『財務レバレッジ』は，本業の努力以外でも，指標の改善ができる手段であり，短期で実現可能な手段です。そのため，株主や投資家からの要望が高くなる傾向があります。

　また，中長期的な観点からは，利益率の向上はもちろん，総資産の総額は少ないほうが望ましいと考えられています。無駄のある非効率な経営を行っていないか，可能な限り確認したいと考えています。総資産も投資家にとっては，重要なチェックポイントであるということを理解してください。

　短期的な視点で考えると，財務指標が悪化することはあります。業績が悪くなる時以外に，成果が表れる前の積極的な投資段階でも，指標は悪化します。投資家は，会社に対して高い関心がありながらも，限られた情報からしか判断できないため，悪い指標については，過敏に反応してしまうことはあります。そのような傾向があることも理解しましょう。

　しかし，外部が心配しているからといって，同じ目線で，社内が右往左往してはいけません。特に，先行投資により，長期的には，より大きな収益の獲得が期待できるのであれば，ROAとROEを気にしすぎて投資を抑制するのは，間違った経営判断になります。

3 決算書以外に会社の財務情報を確認できるとき

（1） 投資額以上で回収できそうか

　M&Aという投資案件に関わることがあるとします。投資を検討する場合，当然それ以上のリターンが期待できるかどうかが，判断基準になります。『回収＞投資』という関係性が成り立つならば，投資可能です。M&Aにおいて，『回収』をどう見るかですが，基本的には，対象となる会社が，**将来どれだけ新たな『お金』を生み出せるのか**と考えます。新たに生み出す『お金』は，**長期的に**捉えれば，理屈のうえでは『利益』と一致します。

[図表2－29]　長期的には『お金』と『利益』は一致する

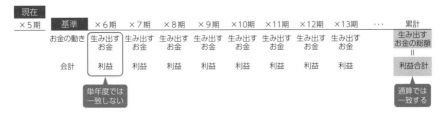

　そこで，過去の決算書の情報と将来の計画をもとにして評価を行い，現在の決算書から得られる情報を手掛かりに，さらに深掘りしていきます。

　対象となる会社に投資するかどうかを判断するわけですから，**不安材料がないか（①）**という視点と，**将来どれくらい伸びるか（②）**という視点のどちらも必要です。

　これまでのはなしと違うところは，決算書以外の財務情報を得られる状況が

あるということです。よって，『**将来の可能性を検討するために必要な情報を取りにいく**』ことが可能です。ただし，通常は，限られた時間，限られた会社関係者という制約があります。そのため，効率的に必要な情報を入手する必要があります。そこで，決算書から『**過去から現在までの実績をベースに将来を推測する**』アプローチを行い，的確に確認すべき事項を抽出したうえで，それに関する裏付けとなる情報を得ることが効果的かつ効率的です。

[図表２－30] 効率よく必要な情報を収集する

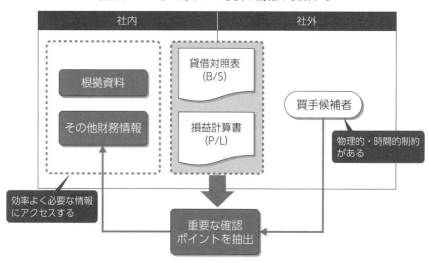

財務の調査において，確認したい重要なポイントは，２つあります。

① 過去から現在の実態
② 将来の見込み

まず，『①過去から現在の実態』というのは，会社の財務構造を把握すること以外に，開示されている決算書について，**補正すべきことはないか**を確認するということです。開示されている決算書が，正しい決算書とは限りません。

また，決算書としては正しくても，中身には，将来の重大なリスクが含まれている可能性もあります。このことは『②将来の見込み』に関連しますが，買収後に，大きな影響を与えるリスクが発生していないかを確認します。

　『②将来の見込み』は，対象会社が，事業計画を策定しているのであれば，その計画の妥当性を検証し，期待している成果が得られそうかを確認します。事業計画が策定されていない場合には，過去から現在までの分析を行ったうえで，今後の成長可能性を自分たちでシミュレーションします。

（2）　財務の実態を確認する

　最初は，『①過去から現在の実態』の観点からの確認です。投資を検討しているということは，事前に，対象会社に対してポジティブな要素を多く持っているということです。その裏付けを確認すべく，調査に臨みます。逆に，ネガティブな要素もあるかもしれません。また，現時点における資産と負債の実態を調べることで，将来へのプラスと，マイナスの影響の可能性を調べます。

　特に，B/S（上）の『Ⅰ資産』と『Ⅱ負債』については，慎重に調べる必要があります。意図的な場合でも，意図しない場合でも，補正すべき情報がある場合があります。確認すべきポイントは次のとおりです。

> **Ⅰ資産：下（P/L）に落とすべき残高がないか**
> **Ⅱ負債：すべて計上されているか**

　『Ⅰ資産』のうち，『お金になる予定のもの』と『将来費用になる予備軍』について，**決算書に計上されている帳簿価額に見合う『お金』に代えられる**のであれば，『Ⅰ資産』＞『Ⅱ負債』という関係の維持が確認でき，安心です。

　問題は，**決算書に計上されている金額が，そのままお金に代えられる価値があるのかどうか**です。『お金になる予定のもの』と『将来費用になる予備軍』は，

さらに『売却可能』という視点も加えて再分類することができます。

> （ア） 売却可能なもの
> （イ） お金になる予定のもの
> （ウ） 将来費用になる予備軍

この（ア）から（ウ）の資産の各科目を、『お金に代えられる価値』として評価した場合、プラスに影響を与える要因とマイナスに影響を与える要因で整理することができます。

[図表２－31] Ⅰ資産の評価替えの要因

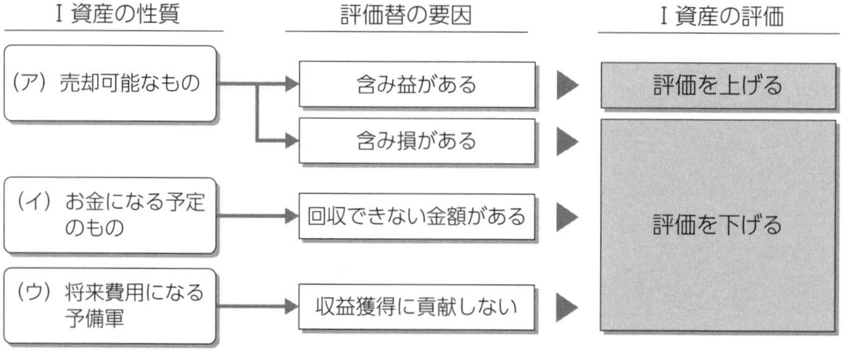

Ⅰ資産の性質	評価替の要因	Ⅰ資産の評価
（ア）売却可能なもの	含み益がある	評価を上げる
	含み損がある	評価を下げる
（イ）お金になる予定のもの	回収できない金額がある	
（ウ）将来費用になる予備軍	収益獲得に貢献しない	

まず、プラスの影響です。『（ア）売却可能なもの』は、決算書に計上されている帳簿価額は、取引時に支払った価額（取得価額といいます）であり、その後は、時価が変動しても、基本的には評価の見直しは行いません。最新の時価が、取得価額よりも上回っている場合、売却すれば、売却益に係る税金を考慮しても、取得価額以上の『お金』が得られます。このように、時価が取得価額を上回る状態、すなわち、含み益がある資産がある場合、決算書上の『Ⅰ資産』は、含み益を考慮すると、**『Ⅰ資産』の実質的な評価額は増える**ことになります。

逆に、時価が取得価額よりも下回っている場合には、売却した場合、取得価

額以下の『お金』しか得られません。ということは，**『Ⅰ資産』の実質的な評価額を下げる**必要があります。

『（イ）お金になる予定のもの』は，**確実に回収されるのであれば**，そのまま『お金』に代わると評価できます。しかし，確実性に懸念がある場合には，**現実的に回収できる金額まで見積りを下げる**必要があります。全額回収できると当てにするのは危険です。

『（ウ）将来費用になる予備軍』は，収益獲得に貢献しない費用，つまり，使った『お金』は，売上によって回収されず，消費して終わりという場合は，『お金』に代えることができません。**『お金』を生み出すことがない費用**ということで，当該費用の**『お金』に代わる価値はゼロ**とみなす必要があります。このように『評価を下げる』要因が確認されると，P/Lに費用または損失として計上しなければなりません。結果的に，『Ⅲ純資産』の繰越利益剰余金も減少する方向での調整になります。

[図表2－32]　Ⅰ資産の評価を下げる

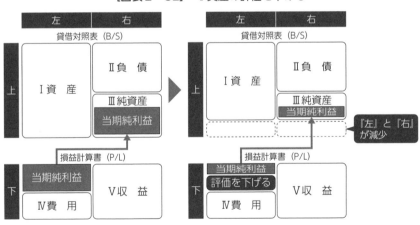

また，『Ⅱ負債』については，次のように分類することができます。

> （エ）　支払予定の費用
> （オ）　有利子負債
> （カ）　預かっているが精算する予定

　（オ）と（カ）は事実を確認するくらいですが，『**（エ）支払予定の費用**』については，注意する必要があります。通常業務の中における，支払うべき請求書の処理もれという意味ではなく，**将来支払が発生する可能性が高い事実**はないかという意味での確認です。

[図表2-33]　将来発生する可能性がある費用

項目	内容
債務保証	債務を保証している先が債務不履行になった場合，代わりに債務を履行しなければいけない可能性がある
訴訟	係争事件があり，損害賠償額が発生する可能性がある
法令違反	未払残業代，法令違反によるペナルティが課せられる可能性がある
顧客クレーム	返金，代替品の準備など追加費用が発生する可能性がある
環境対策	土壌汚染対応など，当局の規制に伴う追加費用が発生する可能性がある
リストラ	人員整理，事業撤退などに伴う処分などで費用が発生する可能性がある
その他	税務調査などの行政処分により費用が発生する可能性がある

　これらが発生する可能性が高い要因が確認されると，P/Lに費用または損失を，B/Sに負債を計上する必要があります。

左	右

貸借対照表（B/S）

上　Ⅰ資産　Ⅱ負債　Ⅲ純資産　当期純利益

損益計算書（P/L）

下　当期純利益　Ⅳ費用　Ⅴ収益

左	右

貸借対照表（B/S）

上　Ⅰ資産　Ⅱ負債　Ⅱ追加負債　Ⅲ純資産　当期純利益

『Ⅲ純資産』が減少して『Ⅱ負債』が増加する

損益計算書（P/L）

下　当期純利益　追加費用　Ⅳ費用　Ⅴ収益

このように，『**決算書は表面的に見てはいけない**』ことを理解してください。

（3）　将来性を確認する

　対象会社が事業計画を策定している場合，将来生み出す『お金』の重要な手掛かりになります。ただし，将来の計画を確認するだけでなく，過去のトレンドやパターンを構造的に把握することも重要です。対象会社の売上，利益の数字や傾向，各数字の関連性や因果関係などは，基本的には連続性があります。将来のトレンドの予測は，過去からのトレンドやパターンと切り離して考えることはできません。

　もちろん，『将来予測』には，新たな施策（行動計画）も加わることもありますが，新たな施策（行動計画）も現状分析を踏まえて，経営資源や組織力から，実現可能性が高いかどうかを検討することになります。このように，『過去データの分析』は『将来予測』に不可欠なプロセスです。現在の要因が，必ず将来の予測に影響を与えると考えます。

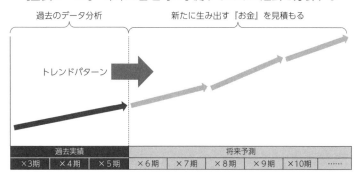

[図表2-35] 未来を合理的に予測するために過去を分析する

過去のデータ分析　　　新たに生み出す『お金』を見積もる

トレンドパターン

過去実績			将来予測					
×3期	×4期	×5期	×6期	×7期	×8期	×9期	×10期	……

　過去データを評価する要素について，重要な指標としては，『収益性』と『成長性』があります。『収益性』とは，『お金』の源泉となる『利益』をどれだけ生み出す力があるのか，どれだけ効率的に利益を生み出しているかを表す指標であり，『成長性』とは，売上や利益などが時間とともに，どれだけ変化しているかを表す指標です。これらの指標を使いながら，対象会社の特徴を捉え，将来計画の実現可能性を検討することになります。

[図表2-36] B/S，P/Lの年度別推移表の例

(単位：千円)

	区分	×3期	×4期	×5期
貸借対照表 (B/S)	Ⅰ　資　産	150,035	202,122	247,236
	Ⅱ　負　債	102,869	124,182	139,528
	Ⅲ　純資産	47,166	77,940	107,708

		×3期	×4期	×5期
損益計算書 (P/L)	売上	120,000	150,000	177,000
	売上原価	47,500	49,000	56,000
	売上総利益	72,500	101,000	121,000
	販売費および 一般管理費	61,154	73,081	76,677
	営業利益	11,346	27,919	44,323
	営業外収益	641	542	473
	営業外費用	1,626	1,692	1,885
	経常利益	10,361	26,769	42,910
	特別利益	−	3,094	−
	特別損失	501	−	200
	税引前当期純利益	9,860	29,862	42,710
	法人税等	3,028	9,089	12,944
	当期純利益	6,832	20,774	29,768

時系列で分析することにより，それぞれの単体として意味のある指標の変化を見ることで，指標が**伸びているのか（上昇）**，**鈍化しているのか（下降）**，あるいは安定的に推移しているのかを確認することができます。このトレンドを把握することは，非常に重要であり，**図表2－36**から，年度別に利益率を並べると，次のようになります。

[図表2－37]　利益率の推移

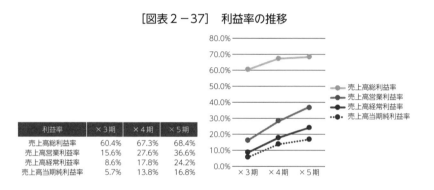

利益率	×3期	×4期	×5期
売上高総利益率	60.4%	67.3%	68.4%
売上高営業利益率	15.6%	27.6%	36.6%
売上高経常利益率	8.6%	17.8%	24.2%
売上高当期純利益率	5.7%	13.8%	16.8%

　また，資本効率性について，年度別に指標を並べると，次のようになります。

[図表2－38]　資本効率性の推移

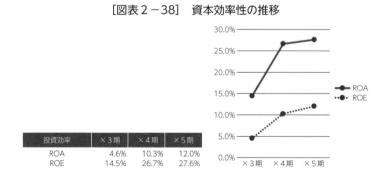

投資効率	×3期	×4期	×5期
ROA	4.6%	10.3%	12.0%
ROE	14.5%	26.7%	27.6%

　トレンドが伸びているから問題なしと単純に判断するのではなく，年度間の**伸びている要因**，**鈍化している要因**を探ることに意味があります。『差分』の

根拠を探るということです。トレンドを分析する利点は，長い時間軸で考えるため，短期的な分析では捉えにくい新製品の販売，販売価格の見直し，プロモーション，原材料費の削減，人件費の削減などの経営者の戦略，不良資産の処分，有利子負債の削減など財務戦略の成果，計画どおりいっていない点，課題などの情報が把握しやすくなるということです。

さらに，事業計画を検討するにあたり，**重要な条件をきちんと加味しているか**という確認も重要です。例えば，過去のビジネスサイクルを把握したとき，売上増加には営業人員数に大きく依存していた場合，販売方法の抜本的な変更がない限り，将来の計画も同じ条件を引き継がなければなりません。しかし，販売計画は伸びているにもかかわらず，人件費がほぼ横ばいという計画を策定していたら，それは前提条件として問題ではないかと疑う必要があります。人材，設備，システムなど，重要なインフラ要素の計画が不十分である場合，利益計画に大きな影響があります。

[図表2-39] 事業計画の合理性を得る

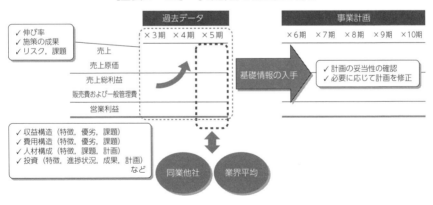

これら入手できた情報と外部環境の分析を踏まえて，対象会社が策定した事業計画の妥当性を判断します。場合によっては，事業計画の数値を修正してシ

ミュレーションする場合もあります。

　このような作業を経て，現在の右の『調達』状況の実態，左の『運用』状況の実態を把握することで，ようやく**対象会社の全体像**が見えます。P/L，B/Sを調べるというよりも，**『調達』と『運用』の構造を調べる**ということです。そのうえで投資額以上に，新たなお金を生み出す可能性が高いかを判断します。

[図表 2 - 40]　『調達』状況と『運用』状況の実態を把握して将来を見込む)

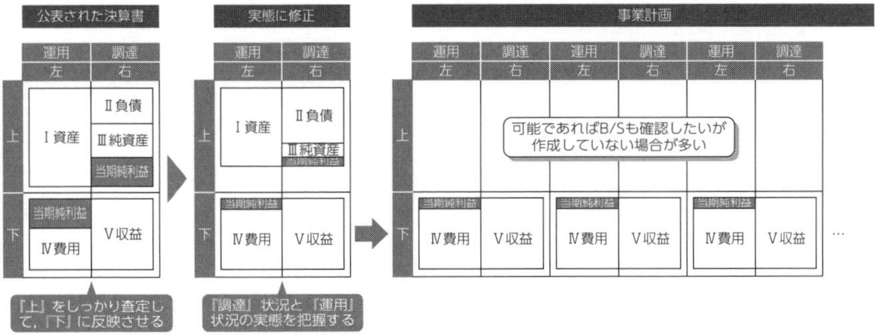

Column　税務署は決算書のどこを見るのか

　会社は，1年間を計算対象期間として，課税所得に基づく税金を計算し，納税することを義務づけられています。そのため，会社は，1年単位で集計を行い，申告納税します。基本的には，P/Lの税引前利益をベースに課税所得を算出します。

　税務署としては，単年度の課税所得が，適正に申告納税されているかが最大の関心事です。特に，課税所得が過少になっていないかということに目を光らせます。

　課税所得が過少になる，ということは，ベースとなる税引前利益が過少になっていないかという視点で，税務調査は行われます。調査官が意識する点は大きく3つあります（下記図中の①～③）。

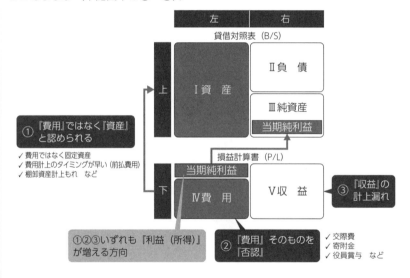

　費用そのものの否認という論点より，『Ⅳ費用』ではなく，『Ⅰ資産』ではないかという論点が非常に多いのが実態です。『Ⅳ費用』と『Ⅰ資産』はナカマというはなしをしましたが，税務調査官の頭の中では，特にその意識が強いといえます。

第 3 章

費用対効果を測る

1 その投資（費用や設備投資）で どれだけ利益を上げたのか

（1）『お金』は効果的に使う

　いよいよ，本章からは，決算書を自分たちで活用するはなしです。第2章は，外部が，他社の決算書を活用するはなしでした。活用の仕方において，外部と内部の大きな違いは，外部からの活用では，決算書以外に得られる情報に限度があるが，内部活用する場合には，決算書作成の前提となる細かい情報が手元にあるということです。

[図表3−1]　決算書の外部活用と内部活用の違い

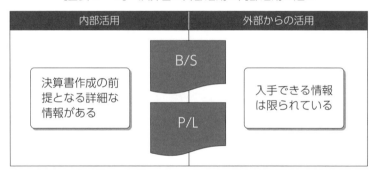

　内部で活用するものですから，公表される決算書の書式にこだわる必要もありません。自分たちが，目的に沿って活用すればいいということを覚えておいてください。内部で活用する会計のことを，**『管理会計』**といいます。

　私たちは，長期的に稼ぎ続けるため，『成果』が出る組織を作りたいと考えています。『成果』が出るというのは，**投資額以上の資金を回収**することです。

[図表3－2] 投資と回収

　会計のクセにより，短期的には，この投資と回収の関係が見えづらくなっていますが，長期的には，この関係に収れんします。ですから，常にこの関係を意識しながら行動を行う必要があります。

　投資の対象には，規模の大小，投資と回収の期間の長短があります。当然，規模が大きくなるほど，回収期間が長くなるほど，難易度は高まります。そこで，本章から第6章にかけて，基礎を積み上げながら学習していきたいと思います。

[図表3－3] 投資と回収の規模と時間軸の関係

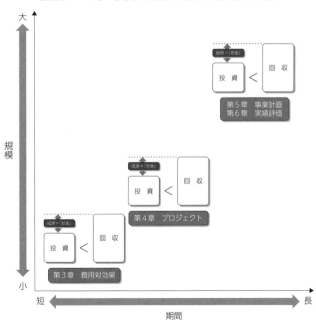

まず，最初は，規模が小さく，投資から回収までの期間が短い（事業年度内で結果が出る）投資のはなしから始めましょう。

　何らかの投資を行うとき，当該投資条件が所与（もう実行することは決まっている）の場合でも，必ず『**他の方法ならどうなるか**』という意識を持つことが重要です。常に**最適な選択肢は何か**と考えるクセを持つことです。現在置かれている状況から見える世界よりも，もう少し高いところからの目線で見ることを意識します。これは，少しでも条件がよい投資を行うために必要な思考です。

　何か活動を行う場合には，『お金』がかかります。そのときに，『もっとよい使い方はないか』と考えてみます。『よい』かどうかを判断する基準である成果も，『お金』で考えます。例えば，問い合わせの反応やカタログの請求など，売上への影響があると考えられるものだけでなく，時間の節約，ミスの削減など，費用の削減，費用の発生回避に影響すると考えられるものもあります。

[図表３－４]　収益拡大効果，費用削減・費用発生回避効果

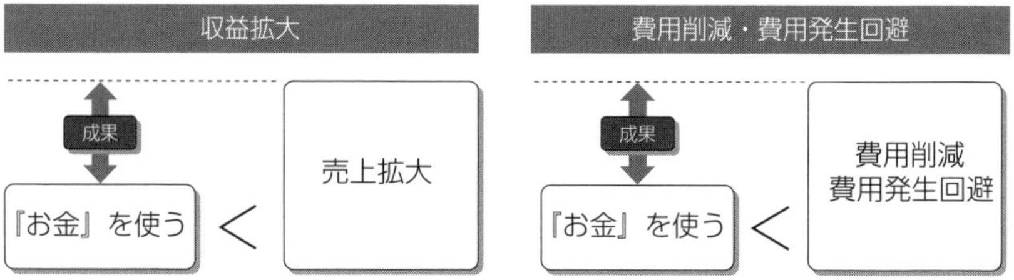

　『お金』の使い方がうまくなる第一歩は，**費用対効果を『お金』に換算して思考する**ということです。もちろん，目に見えない成果や，『お金』に換算することが難しい成果も当然あります。これについては，会計の世界における長年の課題です。今の段階では，深く考えすぎることは止めておきましょう。

（2）　投資効率で考える

　複数の選択肢を挙げたとき，その中から，どれが最適かを判断するアプローチの1つが『**効率性**』の確認になります。

$$投資効率（\%）＝\frac{収益拡大効果・費用削減効果－投資}{投資}　×　100$$

　投資効率を判断基準の1つとして活用する理由は，異なる条件やアプローチで内容が違う案件でも，**同じモノサシで『比較できる』**からです。投資できる金額には一定の制約があります。

[図表3−5]　投資効率の計算例

項目	A案件	B案件
期待される効果（万円）	1,200	1,200
投資額（万円）	1,000	800
投資効率（%）	20%	50%

　A案件にもB案件にも投資する，というわけにはいきません。投資を行うときには，効果だけを考えてしまうことがありますが，本来は，もう少し複眼的に考える必要があります。限られた『お金』を最大限に活かすには，いろいろなアイデアを並べたうえで，同じモノサシで測定することが大事です。投資効率分析は，分母と分子を『お金』で考えることで，効果の度合いを測定することが可能となります。効果があると考えられるアイデアが複数ある場合，より効果が高い（得られる『お金』が大きくなる）アイデアを採用したほうが，投資の効果は高いといえます。投資と回収の意識を持ちながら仕事をする第一歩として，P/Lの『左』と『右』の関係を意識することから始めましょう。

[図表3-6]　投資と回収の学習の第一歩

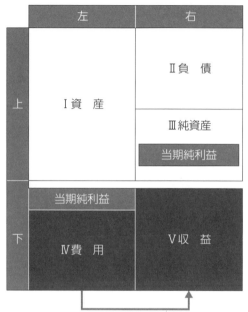

左	右
Ⅰ資　産	Ⅱ負　債
	Ⅲ純資産
	当期純利益
当期純利益	
Ⅳ費　用	Ⅴ収　益

（上・下は左側のラベル）

まずはP/Lの『Ⅳ費用』に対する『Ⅴ収益』の
効果を意識するところから始める

2 ROI

(1) ROIとは

　次は，P/Lだけでなく，B/Sも含めた投資の効果のはなしです。ビジネスで活用できる指標として最初に紹介したいのは，『ROI（Return On Investment）』です。

$$ROI（\%） = \frac{利益}{総投資額} \times 100$$

　投資額に対してどれだけ利益を上げることができたかを測る指標です。総投資額は，**B/S（左上）の資産か，P/L（左下）の費用かを問いません**。ある特定の活動に対してかかる『お金』の総額です。利益も特定の活動から算出される利益であり，P/Lの会社の利益ではありません。ROIが高いほど，投資効率がよい，すなわち，収益性が高いと考えることができます。ROIは，総投資額がわかっていれば，簡単に出せる指標であり，とてもわかりやすい指標です。しかし，単純な式のため，**長期的な視点は考慮されません**。時間的概念はROIの中には入っていません。また，リスクを評価に織り込むことも難しいです。

　そのため，比較的に短期で成果がわかるような，小規模な投資のはなし，例えば，広告や販促イベントなどでの効果測定，小規模なソフトウェアや固定資産の購入効果など，短期で効果が測定できるシーンで活用することが期待されます。

　単にROIを計算した結果，高いか低いかを見て終わらせるという使い方は，大変もったいないはなしです。ROIは高くなるほど収益性が上がります。ROIをどうやって上げるか検討してみましょう。

$$\text{ROI (\%)} \uparrow = \frac{\text{利益} \uparrow}{\text{総投資額} \downarrow} \times 100$$

　ROIを上げるには，分子の『利益』を増やすか，分母の『総投資額』を減らすかです。分母・分子のどちらかを集中的に考えるのではなく，**分母・分子の相関関係**を考えることが重要です。総投資額を削減できるということは，**ほかに『お金』を回すことができる**ということです。ほかに回した『お金』が，ほかの利益を生み出すのであれば，組織全体の投資効率は上がります（ほかの投資機会を作るというはなしは，また別途第4章で説明します）。

　例えば，ある販促活動があり，100万円の利益を目標と設定し，協力パートナーを探したところ，A社が1,000万円で引き受けられるという見積りが来ました。ROIを計算すると，100万円÷1,000万円×100＝10％となります。このまま発注すれば，1,000万円の『お金』がかかります。しかし，さらに調査したところ，特定のセグメントではB社の力が強く，B社に担当してもらえば，発注額300万円で60万円の利益が期待できることがわかりました。300万円の投資で60万円の利益ということは，ROIは20％です。A社に残りのセグメントを700万円で引き受けてもらい，当初見積りと同じパフォーマンスが期待できるならば，700万円×10％＝70万円の利益が期待できます。

[図表3－7]　分子が上がってROIが上昇する例

　あるいは，A社には，当初見積りと同じパフォーマンスを400万円で引き受けてもらうことができれば，総額700万円の投資で100万円の利益が期待できま

す。

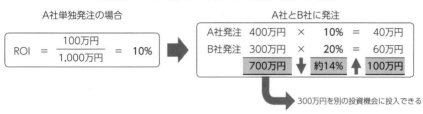

[図表3-8]　分母が下がってROIが上昇する例

A社単独発注の場合

$$ROI = \frac{100万円}{1,000万円} = 10\%$$

A社とB社に発注

A社発注	400万円	×	10%	=	40万円
B社発注	300万円	×	20%	=	60万円
	700万円 ↓		約14% ↑		100万円

300万円を別の投資機会に投入できる

　これらは，あくまでも極端な例ですが，節約するだけのはなしではないということです。その方法しかないのか，代替手段はないのか，組み合わせたらどうなるのか，協力パートナーを変えたらどうなるのか，あらゆる可能性を模索します。特に，毎年条件の変更もなく更新されているような案件は，惰性で更新することは一度考え直してみましょう。これがベストな方法なのか，ほかにないのか，**考えること，調べること**です。

　もう1つ，ROIを上昇させるための別のアプローチを紹介します。『**デュポン公式**』と呼ばれる式です。

[図表3-9]　デュポン公式

$$ROI = \underbrace{\frac{利益}{売上}}_{利益率} \times \underbrace{\frac{売上}{総投資額}}_{回転率}$$

　『売上』を挟んで，式を2つの要素に分解したものです。『**利益率**』と『**回転率**』を乗じた値がROIになります。『利益率』は，売上に対して，どれだけ利幅があるかですから，1単位当たりの利益額が高くなれば，当該比率は上昇します。『回転率』は，第2章のROEで説明した『総資産回転率』と同じで，『投

資→販売→資金回収』までを1サイクルとし，回収した資金を再投資する場合，
何回代金が回収されたか（何回転したか）を表します。

　この，デュポン公式を使って，ROIを上昇させる方法を考える場合，『**利益率**』
を上げるか，『**回転率**』を上げるかという要素で検討することになります。1
単位当たりの利益を増やす施策が『利益率』を上げるアプローチ，少ない投資
額でも売上が上がる施策，あるいは，総投資額は変えないが売上を大幅に増加
させる施策が『回転率』を上げるアプローチになります。
　小さな意思決定でも構わないので，分母・分子の相関関係を意識しながら，
多面的に『考える』，そして，『調べてみる』というという行為を日ごろから積
み重ねることは，会計のスキルを磨くことに対して，大いに役立ちます。

（2）　ROAやROEとの違い

　投資効率を測る指標であれば，ROAやROEという指標もありました。ROI
との違いは何でしょうか。

[図表3−10]　ROI，ROA，ROEの比較

	ROI	ROA	ROE
分子	特定の活動の利益	当期純利益（営業利益，経常利益を使う場合もある）	当期純利益
分母	特定の活動の総投資額	B/Sの総資産	B/Sの純資産（自己資本）
活用者	内部	内部・外部	内部・外部

　ROIは，組織内の特定の活動の投資効率を測る指標です。計算する情報や材
料は，社内の人しかわかりません。したがって，外部利害関係者が計算するこ

とはできません。ただし、組織内の特定の活動の投資資金は、負債あるいは自己資本で調達しているはずです。そして、特定の活動の利益も全社のP/Lの一部にはなるため、ROIはまったく別の概念ではなく、ROAやROEに深く関連があります。

[図表 3 － 11] ROIはROE，ROAと関連している

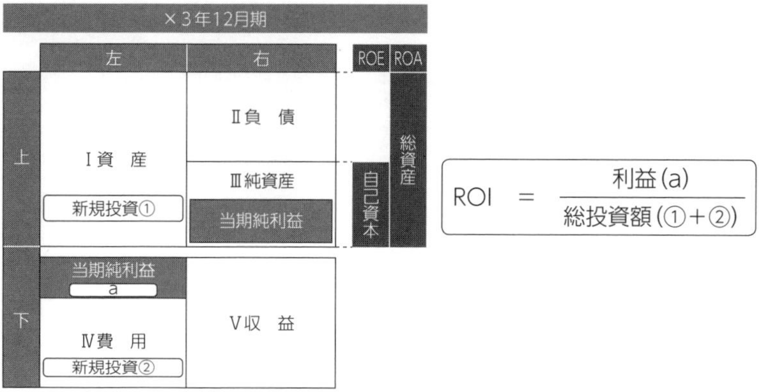

$$ROI = \frac{利益(a)}{総投資額(①＋②)}$$

ROIによる分析は、長期的な投資の効率の測定には不向きなため、すべての活動を測ることは難しいのですが、短期的な活動であれば、活用することはできます。そして、高いROIを意識した活動を行うことが、結果的にはROA，ROEを高めることにも貢献することになります。

この調達した資金と運用結果という関係性は、非常に重要なはなしです。『調達』は『右』の概念であり、P/Lの『Ⅴ収益』だけではありません。『運用』は『左』の概念であり、P/Lの『Ⅳ費用』だけではありません。**『右』に対して『左』をどうしたのか，どうすべきか**、というはなしが、次章以降に続きます。

Column　会計で測れるものは『お金』だけ

　決算書は，活動を集計して要約した書類ですが，会社のすべてを表しているわけではありません。あくまでも『お金』で測れるものだけです。

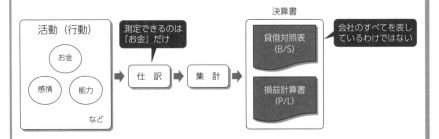

　B/SとP/Lには歪みが生じる，という会計の限界のはなしをしましたが，これも，会計の限界のはなしの1つです。『お金』で測れない価値は，B/S，P/Lに表すことができません。

　特に，『人材』については，価値の測定が難しいといわれています。決算書において，『人材』に関する情報は，P/Lの『Ⅳ費用』として表現されます。人は『コスト』として捉えられてます。しかし，一方で，人は『資産』です。目に見えない，とてつもない可能性を含んでいます。これが，ほかの投資対象と異なるところです。第5章以降，人の『やる気』についてのはなしが何度も登場します。決算書の利点の1つは，状態をチェックできることですが，『やる気』は測ることができません。

　マクロ的に見るとコストであり，抑制の対象になりますが，ミクロ的に見たときは，個人別の『やる気』や『能力』という目に見えない価値を最大限引き出すマネジメントが必要になります。決算書の活用においても，この目に見えない価値は測れないからこそ，違う形で『やる気』につながる工夫を行う必要があります。

第 4 章

プロジェクトを成功させたい

1　そのプロジェクトは儲かるのか

（1）　投資・縮小・撤退の判断材料に使える

　費用対効果，投資効率の意識を持つ必要性が理解できたら，次は，規模が大きく，**投資から回収までの期間が長くなる**，プロジェクトに関する投資の意思決定について考えてみましょう。

　プロジェクトの投資には，目標があります。そして，目標を達成すべく計画します。通常，プロジェクトの計画書を起案するとき，計画書の中に何らかの数値は織り込みます。ただし，数値化すればよいわけではなく，数字として書かれている目標が達成できるかどうかが，本来は重要です。

　プロジェクトの起案メンバーは，起案する以上，何とかプロジェクトを実行したいという想いが先行しがちです。強く推進する気概があるくらいのほうがよいですから，前のめりになることは，決して悪いことではありません。ただ，私たちが考えておかなければいけないのは，『人はバイアスにかかりがち』ということです。そこで，冷静な視点による評価者をプロジェクトメンバーに加える気持ちで，判断材料の1つとして，数字による検討方法を考えてみます。

[図表4−1]　数値分析は冷静な視点による判断材料の1つ

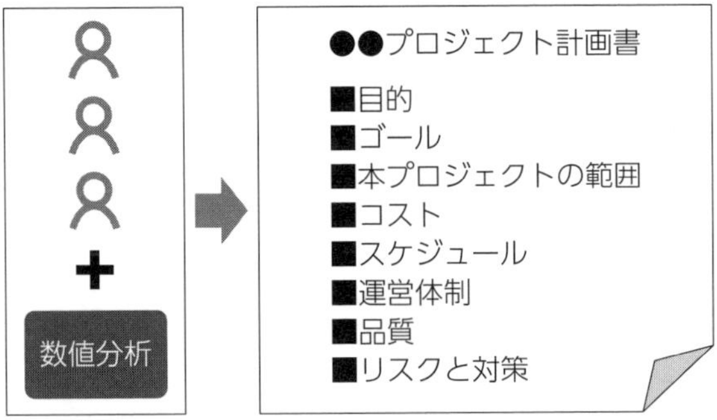

- 数値分析
- ●●プロジェクト計画書
  - ■目的
  - ■ゴール
  - ■本プロジェクトの範囲
  - ■コスト
  - ■スケジュール
  - ■運営体制
  - ■品質
  - ■リスクと対策

プロジェクトを評価するにあたり，最初に大事なことをはなしておかなければなりません。プロジェクトは，会社の経営理念，ミッション，ビジョンを具現化するための1つの作戦であり，市場競争の中で，戦略的な意味も含めて，さまざまな狙いがあります。これから，私たちは数字によるシミュレーションの勉強をしていきますが，プロジェクトの狙いに対して，**数字に表れる効果**と**数字に表れにくい効果**，どちらも総合的に判断して意思決定する必要があります。数字を深く検討しないで判断するのはよくないですが，数字だけで判断するのも，決して正しいとはいえません。そこは気をつけてください。

[図表4-2]　数字に表れる効果は一部である

　数字に表れる効果とは，具体的には，『**新たに生み出されるお金**』のことであり，そのお金がすべてではないとはいえ，かなり重要なウェイトを持つことは事実です。それゆえ，慎重にシミュレーションは行う必要があります。

　プロジェクトを『新たに生み出されるお金』でシミュレーションするときには，決算書の作成プロセスを応用させます。決算書は，企業活動を**網羅的に要約**して表現してくれる道具です。この網羅性の特徴を活かすことで，『生み出されるお金』の計算に必要な要素を的確に抽出することに役立ちます。ROIで

は，B/S，P/Lはあまり意識しませんでした。一方，プロジェクトは，考えるべき要素が漏れると，それによる計算結果への影響が大きくなりますので，重要な条件は，すべてピックアップしておきたいものです。決算書では，『お金』の動きを伴う企業活動は，必ずどこかに反映されます。この特徴を活かし，プロジェクト活動が決算書に与える影響を考えることで，要素を拾い上げます。

[図表4-3]　将来の決算書の動きをイメージして入金・支出予定を抽出する

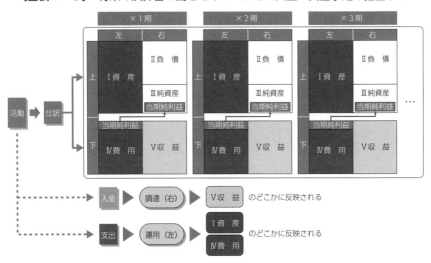

　ここで，プロジェクトのシミュレーションを行う意義を改めて整理してみます。

　まず，プロジェクトのシミュレーションは『**意思決定のための判断材料**』の1つとして活用できます。

　次に，『**目標が達成できそうか否かを事前に検証**』でき，さらに『**条件を変えて何度も計算**』できます。事前にシミュレーション上失敗しておくことで，失敗の要素をつぶし，成功確率を上げられます。

[図表4-4] 事前に何度も検証できる

そして，『変数を分解することで，現実的な計画なのかを確認する』ことができます。基本的には，マクロ環境，市場，競合などの『**外部環境**』，社内リソースの『**内部条件**』の中に，それぞれシミュレーションのための変数が内在しています。図表4-5はあくまでも例ですが，投資から回収までは，いろいろな変数を介しており，因果関係があります。その因果関係が深いと考えられる変数を可能な限り拾い上げ，条件を確認していくと，変数ごとの課題と前後の関係性について，検証しやすくなります。

[図表4-5] シミュレーションのための変数

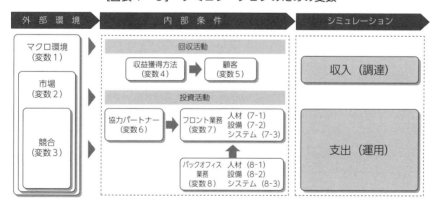

そして，この変数の洗出し作業は，プロジェクトを成功に導くためのKSF（Key Success Factor）を確認する意味でも有用です。

これから，いくつかシミュレーションの方法を紹介しますが，その前に，全体を通した，基本的なシミュレーションのフレームワークを説明します。

[図表4－6]　収益獲得プロジェクトのフレームワーク

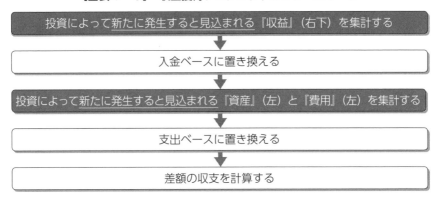

　図表4－6は，売上が発生するようなプロジェクトを想定していますが，ほかの費用を削減するようなプロジェクトもあります。このような費用削減効果を期待するプロジェクトの場合は，次のように置き換えます。

[図表4－7]　費用削減プロジェクトのフレームワーク

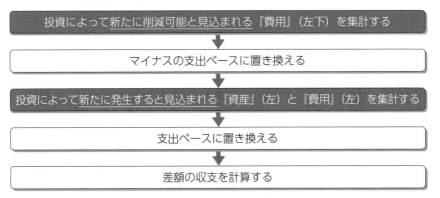

　回収効果をマイナスの支出と捉えます。投資額以上に費用を削減できれば，プラスの収支が期待できます。

（2） 埋没費用と機会費用

ここで注目してほしいのが，『**新たに発生すると見込まれる**』という表現です。新たに発生すると見込まれる収入・支出というのは，そのプロジェクトを実行することにより，**追加で発生する収入・支出**のこといいます。私たちは，可能な限り，冷静で合理的な判断をすべきだと考えています。

[図表4-8]　新たに発生すると見込まれる範囲

区　分	既存事業	新規事業	合　計
収　入	400,000	50,000	450,000
支　出	420,000	37,000	457,000
収　支	▲20,000	13,000	▲7,000

意思決定に影響を与える数字

ここで判断してはいけない

この時に考慮すべき収入・支出は，『**投資を行う場合と投資を行なわない場合で，変動がある部分**』のみであり，**どちらの意思決定でも変動しない部分は，考えても仕方がない**部分です。当たり前だと思われるかもしれませんが，現実の世界では，**考慮してはいけない**支出を入れてしまうことが往々にしてあります。それが『**埋没費用**』といわれる費用（支出）です。『**過去に意思決定して支払ってしまった支出，あるいは，現在進行形ではあるが今のプロジェクトメンバーでは予定を変えられない支出**』をいいます。

まず，過去の支出は過去の出来事ですから，その事実はどう頑張っても変えることはできません。そしてお金は返ってきません。支出ではありませんが，時間も同じです。ある活動に割いた労力は，今の時点で，その時間を取り戻すことはできません。

また，今のプロジェクトメンバーでは支出予定を変えられない費用，例えば，

ある事業所オフィスを賃借している場合，賃貸借契約締結中に途中解約する権限がないような費用があるときは，少なくとも，プロジェクトの中では，地代を削減できたらということを考えても意味がありません。

この埋没費用は，新たに発生する費用ではありません。したがって，埋没費用は，**検討する範囲から除かなければいけない費用**なのです。意思決定に影響を与えない費用とよくいわれますが，影響を与えないというよりは，影響させてはいけない費用と捉えたほうが健全です。人は『**過去の失敗を取り戻そう**』という思考がどうしても働いてしまい，過去の支出のみならず，それに費やした労力なども考えてしまいます。過去の費用を将来の計画に加味して損得を考えるのは，合理的ではありません。

例えば，ある社内利用システムの開発費用として，過去に30,000千円投資したとします。いざ運用が始まると，使い勝手が悪いため，当該システムを使用するための時間がかなりかかり，保守費用も毎年1,000千円かかります。一方，ある事業者が，自社開発システムよりも機能的に優れたサービスの提供を開始していることがわかりました。当該システムの利用料は，年間1,200千円かかります。しかし，操作性や機能において非常に優れているので，当該システムを利用すると，業務を行う時間がかなり削減できることが期待されます。人件費の削減効果も含めた，将来の5年間の支出額を見積ると，次のようになります。

[図表4−9　自社開発システムと新システムの利用比較

(単位：千円)

	自社開発システム使用			新システム契約		
	保守費	人件費	合計	システム利用料	人件費	合計
×1年	1,000	5,000	6,000	1,200	2,000	3,200
×2年	1,000	5,000	6,000	1,200	2,000	3,200
×3年	1,000	5,000	6,000	1,200	2,000	3,200
×4年	1,000	5,000	6,000	1,200	2,000	3,200
×5年	1,000	5,000	6,000	1,200	2,000	3,200
合計	5,000	25,000	30,000	6,000	10,000	16,000

図表4−9の数字を比較すれば，新システムを利用したほうが，支出削減効果があることは明らかです。しかし，過去に30,000千円も開発費をかけてしまったために，使わなければもったいないという気持ちが，自社開発システムの使用を中止するという判断を鈍らせます。30,000千円は，将来の収入・支出の計算には関係ない数字です。自社開発システムを継続利用する場合，新システムと契約する場合，どちらに意思決定しても，30,000千円は返ってきません。

　特に，過去の投資実績が赤字のプロジェクトの場合，将来の合理的な意思決定の判断を誤らせる場合があります。『**将来の入金**』と『**将来の支出**』だけを考慮すべきであり，過去の労力などは考えてはいけません。

[図表4−10]　赤字プロジェクトは将来の収支のみで判断する

⇒ 将来の収入・支出だけを検討する　　　　　（単位：千円）

項目	過去			合計	将来見込					合計
	××3年	××4年	××5年		××6年	××7年	××8年	××9年	××10年	
収入	6,000	6,100	5,900	18,000	6,500	7,000	7,500	8,000	9,000	38,000
支出	7,200	7,500	6,800	21,500	7,600	8,500	9,300	9,200	9,700	44,300
収支	▲1,200	▲1,400	▲900	▲3,500	▲1,100	▲1,500	▲1,800	▲1,200	▲700	▲6,300

判断基準

　あくまでも，将来のシミュレーション結果のみで判断すべきであり，それでも赤字にしかならないのであれば，当該プロジェクトからは，即時に撤退することが，最も合理的な判断になります。
　では，黒字であれば継続すべきでしょうか。実はこれも，継続が正しい判断とは一概にいえません。

[図表4−11]　赤字プロジェクトの将来の収支がプラスの場合

⇒ 将来の収入・支出だけを検討する　　　　　（単位：千円）

項目	過去			合計	将来見込み					合計
	××3年	××4年	××5年		××6年	××7年	××8年	××9年	××10年	
収入	6,000	6,100	5,900	18,000	6,500	7,100	7,500	8,300	9,500	38,900
支出	7,200	7,500	6,800	21,500	7,600	7,700	7,300	7,800	8,000	38,400
収支	▲1,200	▲1,400	▲900	▲3,500	▲1,100	▲600	200	500	1,500	500

5年間の投資額

図表4－11では，将来の収支が500千円のプラスです。プラスであれば，撤退する必要はないとも考えられます。しかし，将来5年間の投資額を見てください。38,400千円の投資を計画しています。

もし，38,400千円をほかのプロジェクトに投資した場合，**図表4－12**のような収支が期待できるならば，現行プロジェクトの継続より，新プロジェクトに投資資金を回したほうが，得られる『お金』は多くなります。このような，**『ほかに投資を実行していたならば得られるであろう成果（利益）』**のことを『**機会費用**』といいます。なぜ費用なのかというと，現行プロジェクトを継続する限り，新プロジェクトへの投資は不可能になります。そうすると，4,800千円の『お金』は得られません。よって，この『お金』は見捨てることになり，犠牲になるということで費用なのです。このように，『機会費用』も考えたうえで，赤字プロジェクトは継続すべきか，撤退すべきかを検討する必要があります。

[図表4－12]　現行プロジェクトと新プロジェクトの比較

■現行プロジェクト　　　　　　　　　　　　　　　　　　　（単位：千円）

項目	将来見込み					合計
	××6年	××7年	××8年	××9年	××10年	
収入	6,500	7,100	7,500	8,300	9,500	38,900
支出	7,600	7,700	7,300	7,800	8,000	38,400
収支	▲1,100	▲600	200	500	1,500	500

■新プロジェクト　　　　　　　　　　　　　　　　　　　（単位：千円）

項目	将来見込み					合計
	××6年	××7年	××8年	××9年	××10年	
収入	8,000	8,200	8,500	9,000	9,500	43,200
支出	8,100	8,000	7,500	7,300	7,500	38,400
収支	▲100	200	1,000	1,700	2,000	4,800

新プロジェクトのほうが有利

2 A案とB案どちらがいいのか

（1） 回収期間で評価する

　それでは，どのようなシミュレーション方法が使われているか，これから紹介していきます。まずは，<u>回収期間を投資の判断基準とする</u>，『回収期間法』といわれる方法で評価します。

　『回収期間法』とは，『**投資額が何年で元が取れるか**』を計算する方法です。

[図表4−13]　回収期間法イメージ

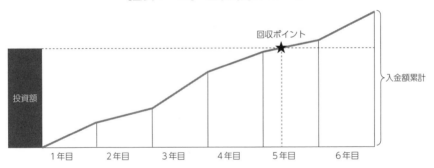

　投資額に対して，入金見込額を累計していき，入金見込額の累計が投資額とイコールになった時点で，投資額が回収されると考えます。**図表4−13**では，4年と数か月で投資額が回収されることを表しています。回収期間法が判断基準に用いられるのは，社内の投資判断のルールとして，<u>回収までの期間に関して何らかの基準がある場合</u>です。例えば，「回収までの期間が●年以内であること」，「複数案ある場合，回収までの期間が短いほうを採用する」などです。

　回収期間を判断基準にする会社は，投資にはリスクを伴うため，回収までの

期間が短いほど安全である，という安全性を重視した投資スタイルであると考えることができます。

　回収期間法を活用する最大のメリットは，『**計算が簡単である**』ということです。投資額と入金見込額を見積もることができれば，簡単に回収期間を計算することができます。計算が簡単であるがゆえ，デメリットもあります。例えば，次の2つの案があるとします。会社の採用基準としては，『**回収期間が短い**』案が採用されるとします。

[図表4－14]　投資回収期間による判定

(単位：千円)

投資案	投資額	入金見込み					
		1年目	2年目	3年目	4年目	5年目	合計
プロジェクトA	10,000	2,000	2,000	2,500	5,000	7,000	18,500
プロジェクトB	10,000	3,000	4,000	3,500	3,500	3,500	17,500

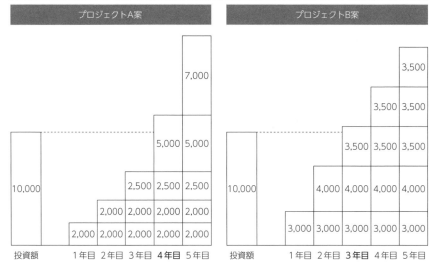

プロジェクトA案

3年の累積入金額	6,500
投資額－3年入金累計額	3,500

3,500÷5,000＝0.7年
よって，回収期間は3.7年

プロジェクトB案

2年の累積入金額	7,000
投資額－2年入金累計額	3,000

3,000÷3,500≒0.85年
よって，回収期間は2.85年

A案の投資回収期間は3.7年，B案の投資回収期間は2.85年です。回収期間が短いのは，B案です。社内のルールでは，B案を採用すべきという判断になります。しかし，両案の入金見込みの合計額を見てください。A案18,500千円に対して，B案は17,500千円です。同じ投資額に対してA案のほうが『**収益性は高い**』といえます。収益性が高い案を採用するというルールであれば，B案ではなく，A案が採用されるべきという結論になります。

　このように，回収期間法は，『**収益性**』**が考慮されません**。さらに，入金の見積りは複数年度です。複数年度の見積りにもかかわらず，『**時間的価値**』**が考慮されません**。そして，回収までの期間を重視するあまり，回収期間後の収支の影響をまったく考慮していません。

　回収期間法を唯一の判断材料にする会社は，リスクの少ない短期で結果が出る投資案しか採用されないという傾向になります。リスクをとっても，将来の大きな収益機会を得ようとするプロジェクトは，当該判断基準では，採用が難しくなります。そのため，回収期間法は，活用できる状況が限られます。

（2）　収益性と時間的価値を考慮して評価する

　回収期間法は，収益性が考慮されていないこと，時間的価値が考慮されていないことに問題がありました。これらの問題を解決する方法が，『**NPV法（正味現在価値法）**』です。NPV法とは，『**将来の入金，将来の支出を現在価値に割り引いて，差額が正であるか負であるか，正の値がどれくらい大きいか**』を計算する方法です。

　どのような計算になるのか，構造を理解するため，まずは，初年度に投資を行い，1年後から5年間『新たに生み出されるお金』が見込まれる場合を考えてみます。比較したいのは，現在の価値で入金額が支出額を上回るかどうかです。投資年度の翌年から5年間『新たに生み出されるお金』が見込まれます。今の100円と将来の100円の価値は同じではありません。将来『新たに生み出さ

れるお金』を，現在価値に割り引き，現在価値合計と投資額を比較します。その差額がNPVになります。

[図表 4 −15]　投資額が初年度のみのNPV

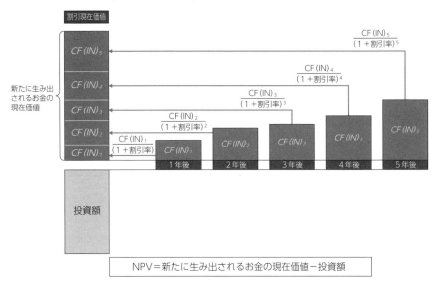

一例として，将来の『新たに生み出されるお金』を，現在価値に割り引いてみます（**図表 4 −16**）。

投資額の見積りは，初年度のみに限られません。将来にかけて追加で発生する支出もあります。このような，現在の年度以降に発生が見込まれる支出がある場合，収入と同様に，支出額も，現在価値に割引計算を行い，比較する必要があります（**図表 4 −17**）。

NPVが正の値であれば，リターンが投資を上回ることになりますから，基本的には，数字に関する評価では，当該投資案件にはGoサインが出ることになります。

[図表4－16] 投資額が初年度のみのNPV計算例

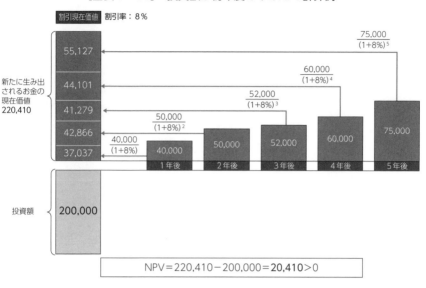

割引現在価値 割引率：8%

新たに生み出
されるお金の
現在価値
220,410

55,127 ← $\dfrac{40,000}{(1+8\%)}$ 40,000 1年後
44,101 ← $\dfrac{50,000}{(1+8\%)^2}$ 50,000 2年後
41,279 ← $\dfrac{52,000}{(1+8\%)^3}$ 52,000 3年後
42,866 ← $\dfrac{60,000}{(1+8\%)^4}$ 60,000 4年後
37,037 ← $\dfrac{75,000}{(1+8\%)^5}$ 75,000 5年後

投資額 200,000

$$NPV=220,410-200,000=\mathbf{20,410}>0$$

[図表4－17] 将来の支出も加味したNPV法

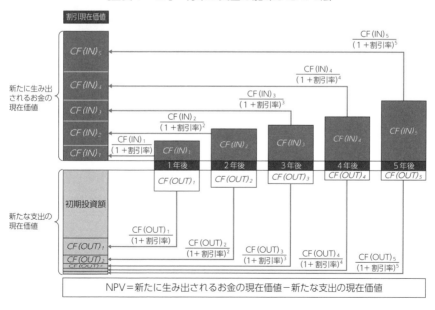

割引現在価値

新たに生み出
されるお金の
現在価値

$CF(IN)_5$ ← $\dfrac{CF(IN)_5}{(1+割引率)^5}$
$CF(IN)_4$ ← $\dfrac{CF(IN)_4}{(1+割引率)^4}$
$CF(IN)_3$ ← $\dfrac{CF(IN)_3}{(1+割引率)^3}$
$CF(IN)_2$ ← $\dfrac{CF(IN)_2}{(1+割引率)^2}$
$CF(IN)_1$ ← $\dfrac{CF(IN)_1}{(1+割引率)}$

$CF(IN)_1$ 1年後 $CF(IN)_2$ 2年後 $CF(IN)_3$ 3年後 $CF(IN)_4$ 4年後 $CF(IN)_5$ 5年後

$CF(OUT)_1$ $CF(OUT)_2$ $CF(OUT)_3$ $CF(OUT)_4$ $CF(OUT)_5$

新たな支出の
現在価値

初期投資額

$CF(OUT)_1$ ← $\dfrac{CF(OUT)_1}{(1+割引率)}$
$CF(OUT)_2$ ← $\dfrac{CF(OUT)_2}{(1+割引率)^2}$
$CF(OUT)_3$ ← $\dfrac{CF(OUT)_3}{(1+割引率)^3}$
$\dfrac{CF(OUT)_4}{(1+割引率)^4}$
$\dfrac{CF(OUT)_5}{(1+割引率)^5}$

NPV＝新たに生み出されるお金の現在価値－新たな支出の現在価値

しかし，確かにNPVが正であれば，プロジェクトにGoサインが出てもおかしくないのですが，計算プロセスで，1つ気になるところがあります。**図表4－16**を見てください。この例では，割引率を8％と仮定して計算しました。この割引率が変わると，NPVにどのような影響を与えるか，割引率を変えて確認してみましょう。まず，割引率が3％の場合のNPVは**図表4－18**のようになります。

[図表4－18]　割引率3％のNPV

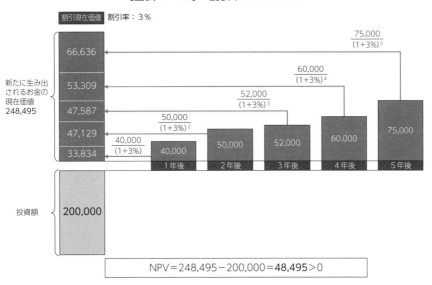

図表4－16のNPVは20,410千円でしたが，**図表4－18**のNPVは48,495千円です。NPVが増加しました。増加した理由は，**割引率が8％から3％に利率が下がった**ため，『新たに生み出されるお金』を割る値が小さくなり，**現在価値の金額が大きくなった**からです。

　次に，割引率が12％の場合，つまり，**割引率を上げた**場合，どのようなNPVになるでしょうか。

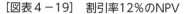

[図表4−19] 割引率12％のNPV

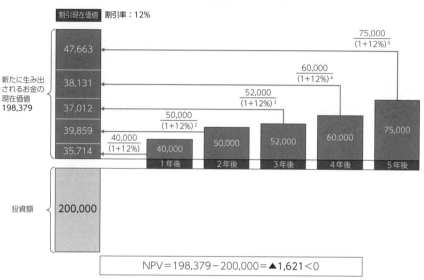

$$NPV = 198,379 - 200,000 = ▲1,621 < 0$$

　今度は，『新たに生み出されるお金』を割る値が大きくなり，**現在価値の金額が小さくなった**ことがわかります。その結果，NPVは▲1,621千円と負の値になってしまいました。

　このように，**割引率の値が小さくなると，NPVは増加し，割引率の値が大きくなると，NPVは減少**します。割引率12％でシミュレーションした場合，NPVは負の値になるので，Goサインがでないという判断になってしまいます。

　割引率がNPVの計算結果に重要な影響を与えることがわかりました。そのため，割引率を恣意的に変更することで，都合のよいシミュレーションを策定することも可能です。そこで，一般的には，投資起案者が自由に割引率を設定するのではなく，**会社としてのハードルレート（割引率）を設定**し，当該ハードルレートを用いることで，計算の恣意性を排除します。

（3） 割引率の考え方

　NPVの計算で使われる割引率の意味は，当該プロジェクトで**期待される運用利回り**です。当該運用利回りの結果，得られる『お金』が，投資額を上回るかどうかが**最低条件**です。期待運用利回りで計算したNPVが正の値の場合，当該プロジェクトから得られる利回りは，期待運用利回りよりも大きいということになります。ということは，会社が期待運用利回りを自由に設定すればよいというはなしにもなりますが，下限としての制約条件があります。制約条件とは，『**資金調達コスト**』を考慮する必要があるということです。

　会社は運用のための資金を，他人資本，自己資本のどちらかで調達します。他人資本，自己資本どちらも調達コストがかかります。

[図表4-20]　資金調達にはコストがかかる

　全社的な観点からいえば，『運用利回り』は『資金調達コスト』を上回らなければいけません。

　『資金調達コスト』とは，他人資本である有利子負債にかかるコストと，自己資本である株主に支払うコストを加重平均したコストであり，**WACC**

（Weighted Average Cost of Capital）といいます。

　有利子負債は，債権者から見ると，『利息』が要求する収益です。会社は，
債権者が要求する**金利を上回る収益率**でビジネスを行う必要があります。

　一方，株主は，『**利益に対する配当**』や，『**将来の値上がりによるキャピタル**
ゲイン』を期待（合わせて『**期待収益**』といいます）して出資するため，利回
りで換算した『**期待収益率**』をクリアできる条件でなければ出資しません。

　つまり，会社から見ると，債権者や株主の要求に応えるべき**最低限のノルマ**
といえます。

[図表4-21]　WACCは最低限のノルマ

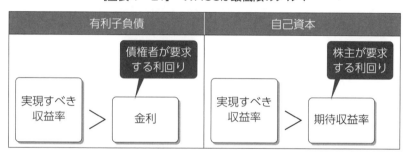

　WACCは次のような式で計算します。

[図表4-22]　負債コストと自己資本コストを加重平均する

※利息は経費になるため法人税等相当額の支出を抑えられる

　負債コスト（rD）は，会社が過去に調達したときの約定金利を使うのが一

般的であり，比較的容易にコストを把握することができます。一方，自己資本コスト（rE）の把握は簡単ではありません。将来の配当や値上がりを正確に計算することはできません。合理的と考えられている一般的な方法としては，CAPM（Capital Asset Pricing Model）が広く用いられています。

$$自己資本コスト（rE）\ =\ リスクフリーレート\ +\ \beta ×リスクプレミアム$$

難しい式ですが，意味としては，**株式市場全体の『期待収益率』**に，会社ごとの固有のリスクを掛けて調整しているということです。株式投資にはリスクがあります。リスクが高いほど，期待収益率が上がらないと，投資する動機が発生しません。したがって，自己資本コストは，負債コストよりも高くなります。

このWACCが，会社としては，**クリアしなければいけない収益率（期待運用利回り）**です。では，プロジェクトのNPVの計算に用いる割引率は，WACCを使うべきなのでしょうか。全社で調達した資金は，事業部門に分配し，本社から資金調達した事業部門は，各プロジェクトに調達資金を使います。

全社の投資に対する収益率は，WACCを上回る必要があります。プロジェ

[図表4－23]　全社の投資利回りはWACC以上が必要

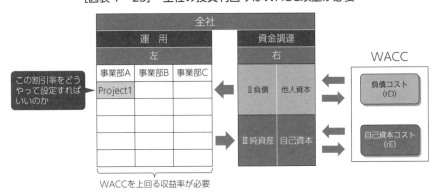

クトは，全社投資の一部を構成するものですから，WACCの影響を受けることは間違いありません。

　そこで，各プロジェクトで設定する割引率を，WACCと指定する会社もあります。公平性も担保され，各プロジェクトが当該ノルマをクリアすれば，理論的には，WACCを下回ることはありません。

　ここで，さらに，各プロジェクトで用いる割引率をWACCとすべきか，もう一歩踏み込んで考えてみましょう。各プロジェクトの集合体が全社ですが，事業部が複数あるとき，各事業部の特徴はまったく同じでしょうか。そして事業部の中のプロジェクトにおいても，全プロジェクトの特徴は同じでしょうか。WACCは，**全社平均のコスト**です。平均なのです。平均して，全体がWACCをクリアしていれば問題ありません。事業部は，祖業として続いている事業部門，現時点においては稼ぎ柱である事業部門，将来の新しい収益源を創るための事業部門など，戦略的に組織を分けている場合，事業部門によって求められる収益性は異なる場合があります。したがって，組織によって，採用するリスクも変わります。そのリスクは，各プロジェクトにも関係します。

　戦略的に新しいビジネスを創造したい場合，当該プロジェクトは，必然的にリスクが高くなります。いきなり相応の収益性をクリアしなければ投資できないというルールを厳格に運用すると，投資機会をみすみす潰してしまいかねません。挑戦する機会を増やすためには，WACCよりも低い収益性でも実行する意義はあります。

　逆に，収益性が安定している事業部門のプロジェクトであれば，リスクも低く，新規ビジネスを開発中のプロジェクトに比べれば，成功の確率は上がると考えられます。そのようなプロジェクトであれば，WACCより高い収益性を求めることは合理的です。

　このように，WACCを基準としつつも，各事業部門の推進の戦略，リスクなどを考慮し，WACCからプラス●%，マイナス■%で設定するという，弾力的な運用を行う方法も考えられます。

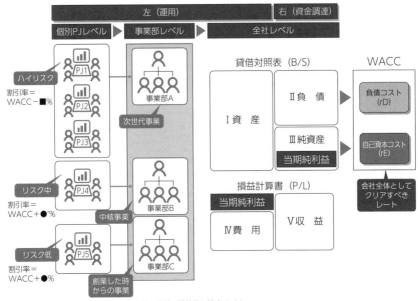

[図表4－24]　割引率は戦略的に運用する

(注)　WACC からの前後■%, ●% 等の値は本社で戦略的に決定すべき

（4）　プロジェクトの投資利回りを求める方法

　NPV法を応用させた計算方法があります。それが，**『内部収益率（Internal Rate of Return）』** を求める方法で，通称IRR法といいます。IRR法とは，**『NPV＝ゼロになる割引率』** を計算する方法です。

　例えば，**図表4－16**の場合，NPVがゼロになるように逆算して割引率を求めると，11.6835％であればNPV＝0になります。

[図表4-25]　IRRはNVPがゼロになる割引率

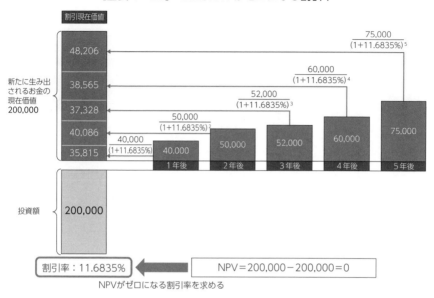

　内部収益率は，NPVがゼロになるように方程式を解きますが，エクセルの関数を使って求めることもできます。IRRは，投資額を何％で運用したら『新たに生み出されるお金』の総額になるかを表しますので，**『投資に対する運用利回り』**を意味します。プロジェクトの投資の収益性を知りたい場合には，便利な方法です。

　ただし，IRRは，期待リターンが投資額を上回っているかどうかがわかるのではなく，投資額と『新たに生み出されるお金』を，時間的価値を考慮して計算すると，収益性はこうなるという値がわかるだけです。したがって，IRRを投資の判断材料に使う場合には，何かと比較する**『基準値』**が必要です。

[図表 4 - 26] IRRと基準レートの比較

基準レートをどのように決めればいいのでしょうか。基準レートの考え方は，NPVの割引率の設定時の考え方と同じです。WACCを基準に戦略，リスクなどを考慮して設定するという考え方になります。

では，IRRが基準レートを超える投資案は，すべてGoしてもよいのでしょうか。複数Goできる案がある場合には，IRRが高い案を採用すべきなのでしょうか。IRR法には欠点があります。それは，**『規模を考慮することができない』**ということです。

例えば，2つのプロジェクト案があったとします。下記の**図表4 - 27**でIRRとNPVを計算してみます（NPVの計算に用いる割引率は8％だったとします）。

[図表 4 - 27] IRRとNPV

（単位：千円）

投資案	投資額 CF (OUT)	新たに得られる『お金』						IRR	NPV 割引率 8 ％
		1 年目	2 年目	3 年目	4 年目	5 年目	合計		
プロジェクトA	5,000	1,500	1,500	1,500	1,500	1,500	7,500	15.2%	989
プロジェクトB	50,000	14,000	14,000	14,000	14,000	14,000	70,000	12.4%	5,898

IRRだけを比較すればプロジェクトAのほうが有利です。しかし，NPVを見ると，プロジェクトA案と同等のプロジェクトを，さらに5つ立案し同時に実行できるということがない限り，NPVによる『新たに得られるお金』の絶対

額はプロジェクトB案のほうが多いので，B案のほうが有利です。率の比較で意味があるのは，同程度の規模の投資案件の比較を行うときです。同じ規模の投資を行うのであれば，収益率が高いほうが，収益額の絶対額も大きくなります。

　このように，IRR法は単独の判断材料として活用するというよりも，NPV法と併用して，指標の１つとして利用するほうが効果的です。

（5）　事後的に評価できるようにシミュレーションする

　以上，３つの評価方法の説明をしました。どの方法を使う場合でも，シミュレーションの数字を集計，計算するにあたり，決算書の要素から展開することで，網羅的に変数を拾い上げることができるというはなしをしましたが，決算書から展開することには，もう１つ大事な意義があります。それは，『**事後的に評価するため**』ということです。プロジェクトは，始まってしまえば，後は一生懸命頑張ればよいということではありません。長期にわたるプロジェクトですから，プロジェクトの進捗状況，成果をモニタリングしながら，その後の対応策を議論し，素早く実行していかなければなりません。

　そのためには，決算書科目とシミュレーションの項目を紐づけておく必要があります。

[図表4－28] 収入・支出の項目を紐づける

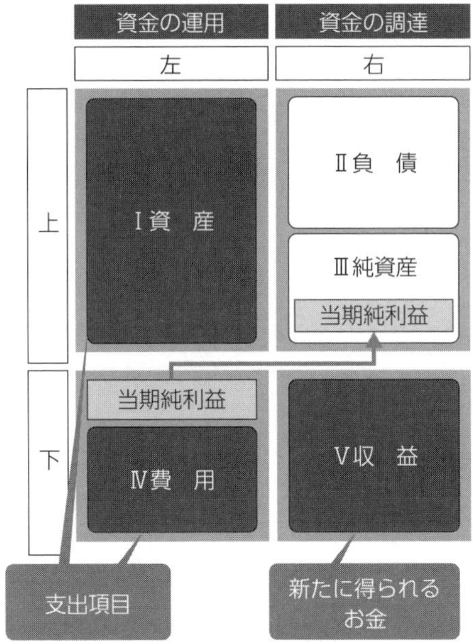

資金の運用	資金の調達
左	右

- I 資産
- II 負債
- III 純資産（当期純利益）
- 当期純利益
- IV 費用
- V 収益
- 支出項目
- 新たに得られるお金

　支出項目の紐づけに関しては，棚卸資産，減価償却，長期前払費用など，『費用収益対応の原則』による決算の調整項目は関係ありません。B/S（左上）の『I資産』と損益計算書（左下）の『IV費用』の科目のうち，どこが追加で発生するかを検討します。

[図表4－29] I資産から追加で発生する支出を探す

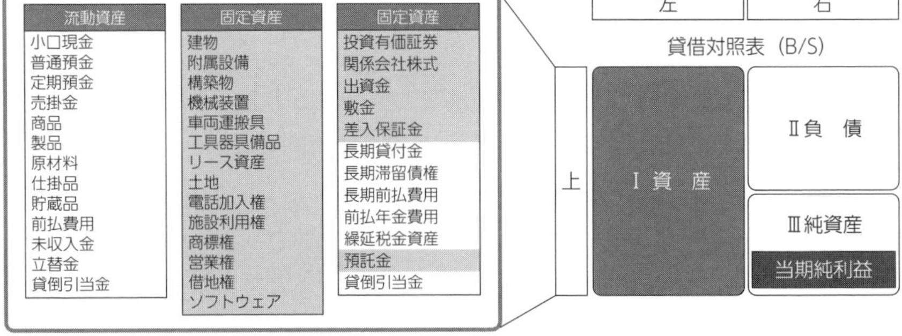

流動資産	固定資産	固定資産
小口現金	建物	投資有価証券
普通預金	附属設備	関係会社株式
定期預金	構築物	出資金
売掛金	機械装置	敷金
商品	車両運搬具	差入保証金
製品	工具器具備品	長期貸付金
原材料	リース資産	長期滞留債権
仕掛品	土地	長期前払費用
貯蔵品	電話加入権	前払年金費用
前払費用	施設利用権	繰延税金資産
未収入金	商標権	預託金
立替金	営業権	貸倒引当金
貸倒引当金	借地権	
	ソフトウェア	

左	右
貸借対照表（B/S）	

- I 資産
- II 負債
- III 純資産
- 当期純利益

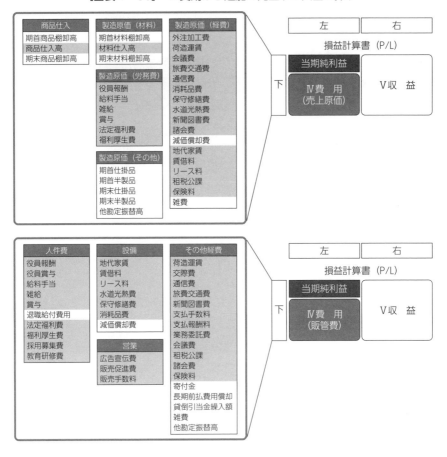

[図表4−30] Ⅳ費用から追加で発生する支出を探す

　収入と支出の項目を紐づける際には，いくつか留意点があります。まず，プロジェクトの目的が費用削減の場合，どの科目において**支出削減効果**があるかを考えます。削減効果がある科目がわかったら，次は，どのように支出に影響するのかを考えます。支出の削減が直接影響する科目もあれば，間接的に支出額を抑制する，支出額の増加を止める効果が表れる科目もあります。これらの費用削減効果は，マイナスの費用という成果と考え，追加支出とは分けて，追加収入として管理したほうがわかりやすくなります。

また，現状マイナスの状況を解消するためのプロジェクト，品質を向上させるためのプロジェクトがあります。これらは，直接どの科目に影響するのかがわかりにくいプロジェクトです。このようなときは，直接貢献することがわかる科目以外に，当該プロジェクトにより『回避できる費用』は何かを考えます。例えば，社員の労働環境を整備することで，退職者を減らすことにより，新たな採用に係る費用や，教育研修に係る費用の発生を防ぐことができます。品質向上により，クレーム対応に係るアフターコストの費用や，事故に係る損害賠償費用の発生を防ぐことができます。これらも，マイナスの費用という成果を，追加収入として管理することができます。

　以上の留意点も踏まえて，追加の収支に影響する決算書項目を，次のような集計表を使って検討します。

[図表4－31]　決算書から追加収入・支出項目を集計するためのサンプル資料

（単位：千円）

収支区分	項目	勘定科目	備考	××6年	××7年	××8年	××9年	××10年	××11年	××12年	××13年	××14年	××15年	合計
収入	売上増加													
	費用削減・回避													
	収入合計													
支出	固定資産													
	投資その他の資産													
	売上原価													
	販管費													
	支出合計													

　このような資料を，事前に本社の経理部門と共有しておくと，プロジェクト開始後は，月次決算書からプロジェクトの進捗状況を確認しやすくなります。月次決算書から特定のプロジェクトに係る収益と費用を抽出する作業は，一工夫必要ですが，プロジェクト開始前に勘定科目との紐づけをしておくと，勘定科目の金額から追跡すれば，当初予定と比較することができます。もちろん，事業部門と本社経理部門の協力体制を構築することが条件になりますが，全社的な観点からは，計画は実績と比較して管理できる仕組みがあることを前提に策定すべきです。プロジェクトは動き出してしまえば，過去の費用はすべて**埋没費用**になります。埋没費用の範囲を減らすためには，実績を確認し，未来に向かって対策を実行できる時間を早く作り出すことです。合理的な判断は，常に未来に向かってしかありません。

Column　挑戦しないことによる損失

　費用には，埋没費用や機会費用という概念があることを説明しました。これら
とは別に，『**機会損失**』という言葉もあります。機会費用と似ていますが，違う
意味です。

　機会費用は，本文では，『ほかに投資を実行していたなら得られたであろう成
果（利益）』と説明しました。これは，複数の選択肢があり，自分が選ばなかっ
たほかの選択肢から得られる利益の中で，最も大きかった利益のことであり，**選
択肢が複数ある**ということが前提となっています。

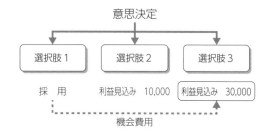

　一方，機会損失とは，『**ある行動を実行しなかったため得られなかった利益**』
のことをいいます。これは，何かを選んで何かを選ばなかったというはなしでは
なく，実行しなかったということです。この機会損失が生じる原因はいろいろと
考えられますが，1つには，人には『失敗を回避したい』という心理が働くから
だといわれています。プロジェクト案は，もちろん成功を目指して起案するもの
ですが，うまくいっても，残念ながら目標未達に終わっても，さまざまな学びを
得ることができれば，次の投資機会に活かせます。

　『成功の反対は失敗ではなく，挑戦しないことである』とトーマス・エジソン
は言いました。プロジェクトの成否だけを評価するのではなく，『挑戦している
か』ということも評価対象にすると，組織が活性化するかもしれません。

第 **5** 章

組織としての成長を考える

── 計画を策定する

1　どこに行きたいのか

（1）　伝えることが重要な役割

　いよいよ本章からは，会社全体のはなしになります。多くの会社では，会社全体として，今後どのように事業を進めていくのか計画を立てています。おおむね３〜５年の中長期的な計画として，事業計画を策定します。事業計画を策定するのは，良くも悪くも当たり前，一般的という雰囲気がありますが，ここで，一度，事業計画の役割について考えてみることにしましょう。

　事業計画策定の重要な役割は，社内・社外に**『会社としてどこに向かおうとしているのか』という方向性と道筋を，はっきりと，かつ，わかりやすく示し，理解してもらうこと**です。

　例えば，『これが弊社の事業計画書です』と言われ，次のような事業計画を

［図表５−１］　数字だけの事業計画書

事業計画書　　　　　　　　　　　　　　　　　　　　　　　　　　　　（単位：千円）

科目	×１年度	×２年度	×３年度	×４年度	×５年度
売上	100,000	200,000	500,000	1,000,000	2,000,000
売上原価	20,000	40,000	40,000	40,000	40,000
売上総利益	80,000	160,000	460,000	960,000	1,960,000
販売費および一般管理費	50,000	60,000	70,000	70,000	70,000
営業利益	30,000	100,000	390,000	890,000	1,890,000
営業外収益	1,000	1,000	1,000	1,000	1,000
営業外費用	500	500	500	500	500
経常利益	30,500	100,500	390,500	890,500	1,890,500
特別利益	−	−	5,000	−	−
特別損失	−	−	−	−	−
税引前当期純利益	30,500	100,500	395,500	890,500	1,890,500
法人税等	9,000	30,000	120,000	270,000	570,000
当期純利益	21,500	70,500	275,500	620,500	1,320,500

見せられたら，どう評価しますか。

　『本当に実現するの？』と思いませんか。数字の根拠がわからないから，実現可能性について判断しようがありません。

　一方，次のような事業計画書を見せられたら，どう評価しますか。

[図表5-2]　言葉だけの事業計画書

> ### 事業計画書
>
> ■■という課題を解決する〇〇というプロダクトを開発します。
> 優秀な人材を採用します。
> 法人顧客1,000社の獲得を目指します。
> 販売代理店の全国網を構築します。
> 5年以内に業界ナンバーワンの地位を築きます。

　やはり『本当に実現するの？』と思いませんか。言葉だけだと，どれくらいの売上規模になるのか，いくら費用がかかるのか皆目見当がつきません。こちらも，実現可能性について判断しようがありません。

　これらは極端な例です。では，言葉による説明があり，数字も掲載されたものであればよいのかというと，それだけで十分というわけではありません。事業計画は，次のような構造になっていなければなりません。

> 『ありたい姿』　＝　『何を実行する』　＋　『それを数字で表す』

　『ありたい姿』とは，会社が向かおうとしている方向性と，そのレベルです。『ありたい姿』に向けて『何を実行する（行動する）』のか，『その行動を数字に表すとどのようになるか』という2つの側面で説明する必要があるというこ

とです。2つの側面ですから，オモテとウラの関係です。つながっていなければいけません。つながっていない事業計画は，先ほどの極端な事業計画の例と事実上ほとんど変わりません。読み手に意図が伝わらなければ，事業計画書を策定する意味がありません。

そして，数字に関する部分を適切に伝えるためには，多くの人の共通認識があるルールで作られたモデルを用いたほうが，読み手も前提条件の確認を省略することができ，中身の検証に意識を集中させられます。そこで，決算書に準じて，将来の数年間のモデルを策定します。

[図表5-3]　作成者と読み手の媒介となる事業計画書

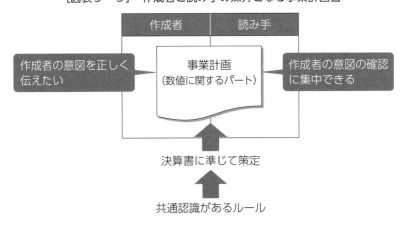

（2）　社内に伝わるということ —行動につながる

事業計画は，最終的には，決算書の様式で結果をまとめ，外部利害関係者に開示します。決算書によって外部から評価されることを理解している経営者は，目指している姿を未来の決算書で表すと，どのような決算書になるかをシミュレーションし，それが，外部利害関係者から高い評価を受けることができるか

を検討します。高い評価を受けられると期待できるならば，その**未来の決算書が実現**することを目指します。そして，社内に対しては，このような**未来の決算書を目指している**ということを目標として示します。

　経営者が考える『**ありたい姿**』を理解してもらうことは大前提ですが，『**経営者の強い意思**』を示したうえで，『**全員の行動指針**』になる必要があります。つまり，『**行動につながるか**』が何より重要です。ここで，１つ気をつけなければいけないことがあります。それは，『**人は遠すぎると実感が湧かない**』ということです。自分が遠いと感じるものには反応が薄くなります。『**引力が働かない**』のです。この引力を意識することは非常に大事です。したがって，自分に近いはなしだというところまで，事業計画の数字を落とし込まなければいけません。

　現在の立ち位置と『**ありたい姿**』が遠すぎると，実感が湧かず，自分事になりません。そこで，現在の立ち位置と『**ありたい姿**』の間のストーリーを，『**行動**』に因数分解する必要があります。どのような行動でステップをクリアしていけば『**ありたい姿**』までたどり着けるのかを，<u>数字と一緒に示す</u>必要があるのです。

[図表５－４]　引力が働くかどうか

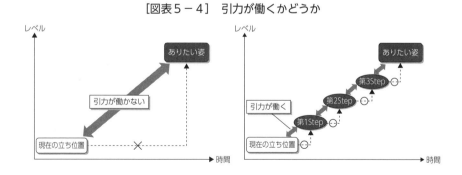

『**何をするのか**』という『**行動**』と，その行動結果によって決算書に表れる

『**数字**』を，セットで計画します。

[図表5-5] 行動計画と数値計画はセット

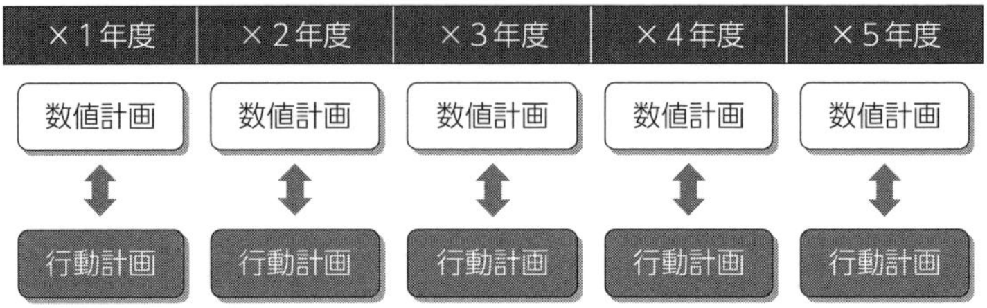

×1年度	×2年度	×3年度	×4年度	×5年度
数値計画	数値計画	数値計画	数値計画	数値計画
↕	↕	↕	↕	↕
行動計画	行動計画	行動計画	行動計画	行動計画

（3） 社外に伝わるということ―『ありたい姿』の実現可能性が確認できる

　外部利害関係者としては，会社としての方向性と，そのレベルの実現可能性に関心があります。『**ありたい姿**』の**実現可能性**が，事業計画書の中で読み取れるかどうかです。実現可能性は，数字だけでは納得感が得られません。具体的に，何をして（行動），このような数字になるのかという『**根拠**』を知りたいと思っています。そして，示された『根拠』を検証して判断します。

　数字についても，共通認識があるルールに基づく決算書に準じて策定されることで，お互いにストレスのないコミュニケーションツールとなります。外部利害関係者の立場からすると，事業計画書を見るのは1社だけではありません。何度も，何社も見る機会があります。1社ごとに事業計画書の策定方針や策定方法，前提条件などの説明を，ヒアリングしながら，経営者の意図を読み解くということを，わざわざしません。事業計画書の中に，知りたい情報が簡潔に入っており，かつ，決算書に準じて数値計画を策定していなければ，読みたいと思ってもらえません。

　特に資金調達を検討しているのであれば，『ありたい姿』実現までのロードマップは重要です。**クリアすべき条件を視覚化し**，経営者が**何をすべきか正し**

く理解しているということを積極的にアピールしなければなりません。

[図表 5 - 6]　成長ストーリーと条件を説明する

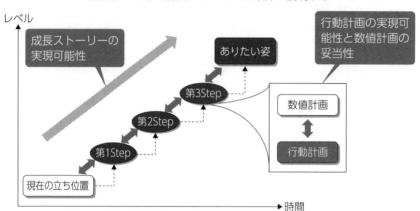

2　投資を継続するためには資金が必要

（1）　原資は『借りる』・『出資してもらう』・『自ら稼ぐ』の3パターン

　組織単位では，**『投資資金の創出，再配分』**という意識を持つ必要があります。当然のことですが，『お金』がなければ投資を始めることはできません。そして，投資を続けるには『お金』が必要です。

　資金調達の手段としては，3つあったことを思い出してください。

[図表5-7]　資金調達源

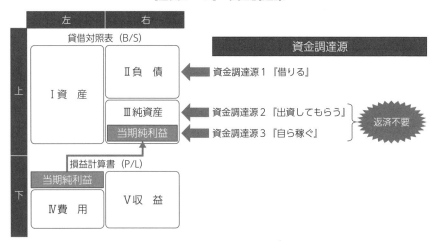

　この中で最も意識すべきは，**『自ら稼ぐ』**になります。何のために稼ぐのかというと，**次の投資に『お金』を回すため**です。この意識が重要であり，再投

資の流れを止めないようにするためには，『**資金の有効な配分**』がポイントになってきます。『成長』にも，『創造』にも，どちらにも投資用の資金が必要です。

　資金を回すという観点は，P/L（下）だけではマネジメントできません。**図表5－8**のように，B/S（上）も含めた，上下左右の全体の流れから考える必要があります。

[図表5－8]　資金の流れとB/SとP/L

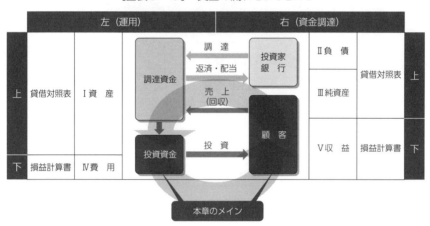

　投資用の資金は，当期および将来の回収に貢献することを期待して割り当てます。当期の回収にこだわりすぎると，将来の回収のための先行投資に，資金が回せなくなります。『成長』と『創造』のバランスをどう取るかも重要な課題です。

[図表5-9] 投資資金の有効な配分

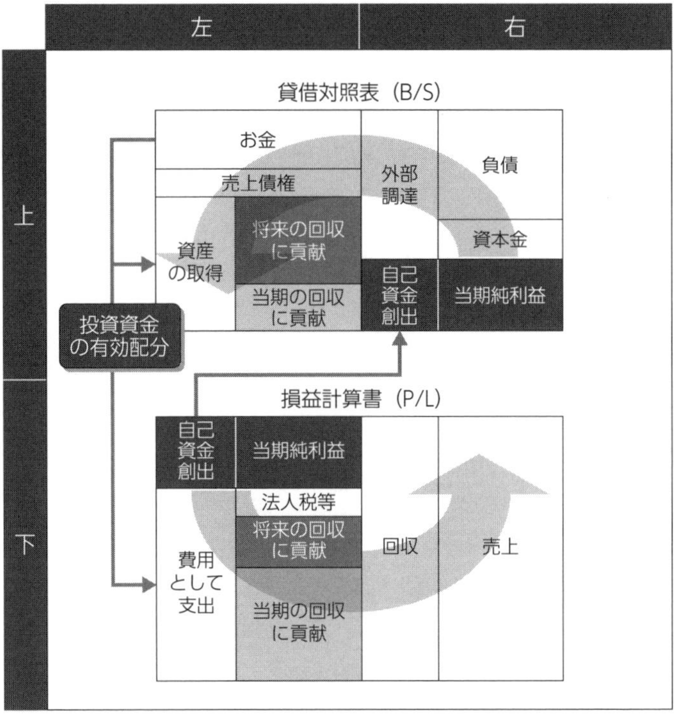

左	右

貸借対照表（B/S）

お金			負債
売上債権	外部調達		
資産の取得	将来の回収に貢献		資本金
	当期の回収に貢献	自己資金創出	当期純利益

投資資金の有効配分

損益計算書（P/L）

自己資金創出	当期純利益		
	法人税等		
費用として支出	将来の回収に貢献	回収	売上
	当期の回収に貢献		

（2） 調達と運用を意識する指標『ROIC』

　大事なことは，『**回収**』＞『**投資**』です。そして短期ではなく，長期でこの式を成り立たせることです。資金の調達と運用，そして配分という点にも気を配らなければなりません。すなわち，B/S（上）への意識も必要です。

　意識しろといっても，やはり人は『**見えるもの**』がないと，気持ちが動かないようです。B/Sを強く意識するために活用できる指標としては，これまで登場したROA，ROEがあります。ここでは，もう1つ指標を新たに紹介します。それが『ROIC（Return On Investment Capital）』です。

$$\text{ROIC（\%）} = \frac{\text{税引後営業利益}}{\text{投下資本}} \times 100$$

　ROICは，事業を行うために**調達した資金**を**事業用資産に投下**した結果，どれだけ稼いだかを測る指標です。

　分子の『**税引後営業利益**』は，営業利益に対して，法人税等を計算して残る利益のことです。簡便的に，営業利益に法人税等の実効税率を掛けて計算します。この方法であれば，疑似的に事業部・部門の税引後利益も算出することができます。

[図表5-10]　税引後営業利益

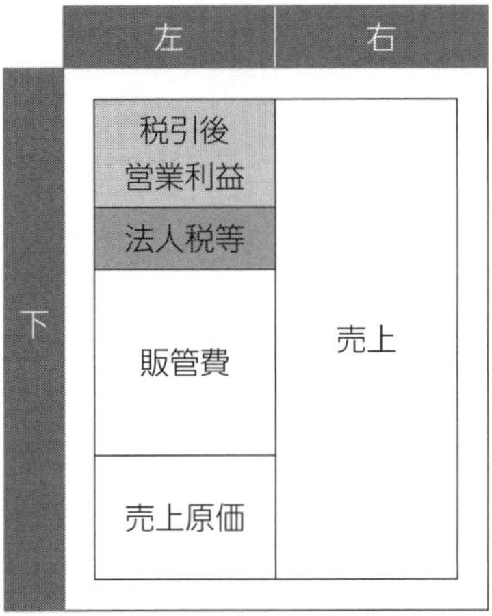

　分母の『**投下資本**』は，『**調達した資金**を**事業用資産に投下**』したものです。調達側（右）である『**調達した資金**』から見ると，『**有利子負債＋純資産**』です。

[図表５－11]　資金調達側から見たROIC

運用
調達
左
右
上
Ⅰ資　産
Ⅱその他負債
Ⅱ有利子負債
(インプット)
Ⅲ純資産
(インプット)
下
税引後営業利益
(アウトプット)
Ⅳ費　用
Ⅴ収　益

$$\text{ROIC} = \frac{\text{税引後営業利益}}{\text{投下資本（有利子負債＋純資産）}}$$

資金調達源を『他人資本』と『自己資本』の合計と考えます。この観点からは，元手に対してどれだけ稼げたかを表すので，資金の効率性がわかります。

一方，運用側（左）である『**事業用資産に投下**』から見ると，一般的に使われる定義は，『**運転資本＋固定資産**』です。

運転資本は，未入金の『お金』です。そして，固定資産も短期的には『お金』

[図表５－12]　運用側から見たROIC

運用
調達
左
右
上
Ⅰその他資産
Ⅱその他負債
Ⅰ売上債権
Ⅱ仕入債務
Ⅰ棚卸資産
Ⅱ有利子負債
必要な資金
Ⅰ固定資産
Ⅲ純資産
下
税引後営業利益
(アウトプット)
Ⅳ費　用
Ⅴ収　益

$$\text{ROIC} = \frac{\text{税引後営業利益}}{\text{投下資本（運転資本＋固定資産）}}$$

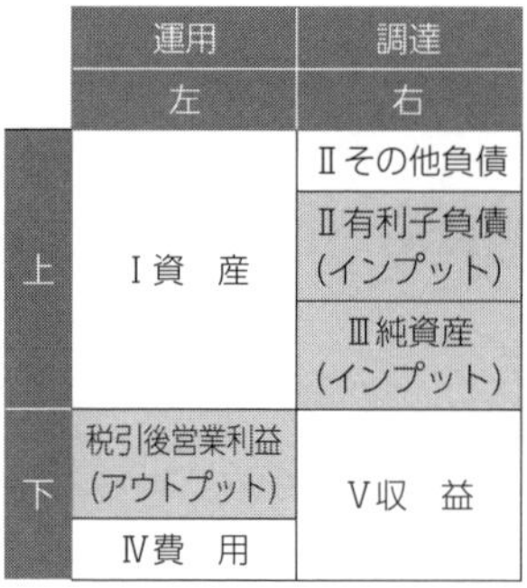

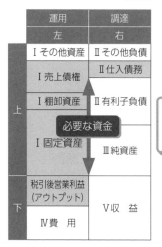

にならないため，固定資産に相当する『お金』を準備しておかないと，他の投資資金が確保できません。それに対して，P/Lの費用は，収益によって『お金』を賄うことができます。ということは，事業の運営には，『運転資本＋固定資産』の『お金』を確保しておけばよいということになります。

　理屈のうえでは，『有利子負債＋純資産』と『運転資本＋固定資産』は一致するはずですが，実務上は一致しないことも多いです。

　全社でROICを計算する場合，『有利子負債＋純資産』で計算可能ですが，事業部・部門において，事業部・部門別にB/Sを作成していない場合，投下資本は，自部門における『運転資本＋固定資産』で集計するほうが効率的です。

　投資の効率性（資本の効率性ともいう）を測る指標は，これまで，ROI，ROA，ROEが登場しました。ROICは，ROIと1文字違うだけです。それぞれ活用できる場面が違います。改めて，比較して活用目的の違いを確認してみましょう。

[図表5−13]　投資効率性の指標の比較

	ROIC	ROI	ROA	ROE
分子	税引後営業利益	特定の活動の利益	当期純利益（営業利益，経常利益を使う場合もある）	当期純利益
分母	投下資本（運転資本＋固定資産）（有利子負債＋純資産）	特定の活動の総投資額	B/Sの総資産	B/Sの純資産（自己資本）
活用者	内部	内部	内部・外部	内部・外部

　ROA，ROEは，分母の資金調達源が全体か，自己資本に限定するかという違いがあります。ROAは，分母は総資産ですから，事業に活用されていない非事業用資産も含めた投資の効率性を測ります。ROEは株主の視点からであり，

株主の資金が効率的に使われているかが焦点になります。

ROICとROIはどちらも内部活用目的です。ROIは，特定の活動に対するインプットとアウトプットです。一方，ROICは，全社あるいは，事業部・部門のインプットとアウトプットです。内部活用目的ですので，外部利害関係者が分析するよりも，もう少し正確な情報を入手できます。ROICは，自分たちが目標を達成するために使う道具です。目標達成のためには，なるべく使いやすい道具のほうが便利です。

[図表 5 － 14　投資効率をマネジメントするにはROICが適している

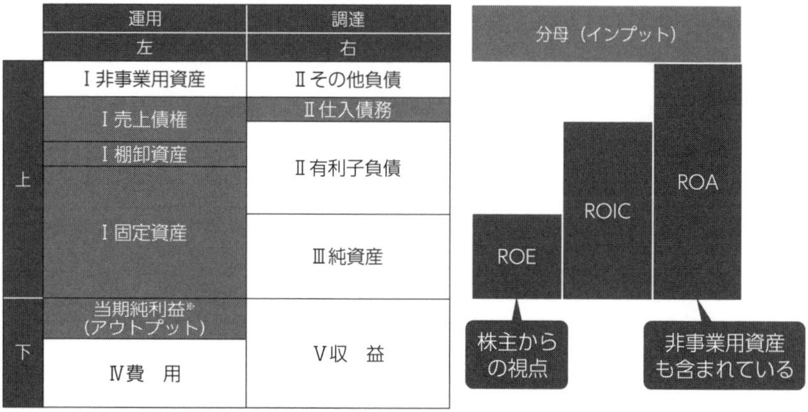

※ROICは税引後営業利益を用いる場合が多い

会社全体としての指標の目標設定，評価であれば，ROA，ROEを活用することができます。一方，複数の事業を行っている場合，事業ごとに投資の効率性を確認できるほうが，目標の設定，評価が行いやすくなります。事業間のROICを比較するということもできます。そのため，最近では，『投資』と『回収』を現場レベルでマネジメントするために，ROICを活用するケースが増えてきました。

目指している姿を具体的に計画するときには，この**『投下資本』**の要素を考慮していきます。

3　事業計画を策定する

（1）　決算書の構造から応用する

　単発のプロジェクトではなく，継続性ある組織としての目標の立て方について，重要ポイントを確認していきます。条件は，『**長期的に稼ぎ続ける組織**』になることです。組織単位で考えるときに，この『**長期的に**』を，外野の声が入ってくる環境下で貫き通せるかは非常に重要です。会計の１事業年度の『利益』は最終成果ではありません。単年度で，常に黒字を達成しなければいけないわけでもありません。本当の成果は，もっと長いスパンで見ないとわかりません。中長期的に，通算して，より大きな黒字を達成することが重要です。

[図表５－15]　長期的に見て稼ぐ計画

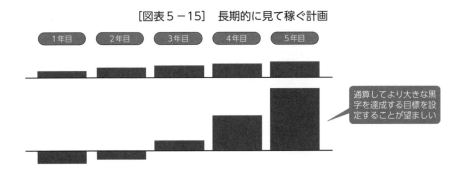

通算してより大きな黒字を達成する目標を設定することが望ましい

　したがって，目標を立てるときに，『**３～５年くらいのスパンで実現したい数字をベースに，今から何をすべきか**』というスタンスを，**社内でいかに共有させられるか**が重要な課題であり，最大のポイントになります。ここを徹底することができないと，これから説明する課題とその対応策について，重要な決断が下せなくなり，『課題であることはわかっているけど，ウチの会社では難しい』というパターンに陥ってしまいます。

計画を立てるとき，意識は長期的な『新たに生み出されるお金』の獲得ですが，マネジメントの道具としては，決算書を応用します。その中でも，メインはP/L（下）になります。3〜5年後のP/Lがこのようになっていたいという姿を計画します。B/S（上）については後述します。

さらに，P/Lをもう少しアレンジすると，長期的な視点で計画を策定しやすくなります。そのアレンジとは，費用を『**変動費**』と『**固定費**』という分類で再整理するということです。これは，『**CVP分析（損益分岐点分析）**』という分析をするときに使う分類方法です。CVP分析というのは，その**会社の費用構造からみて，採算ラインとなる売上を求める**手法です。

[図表5−16] 変動費と固定費に分解する

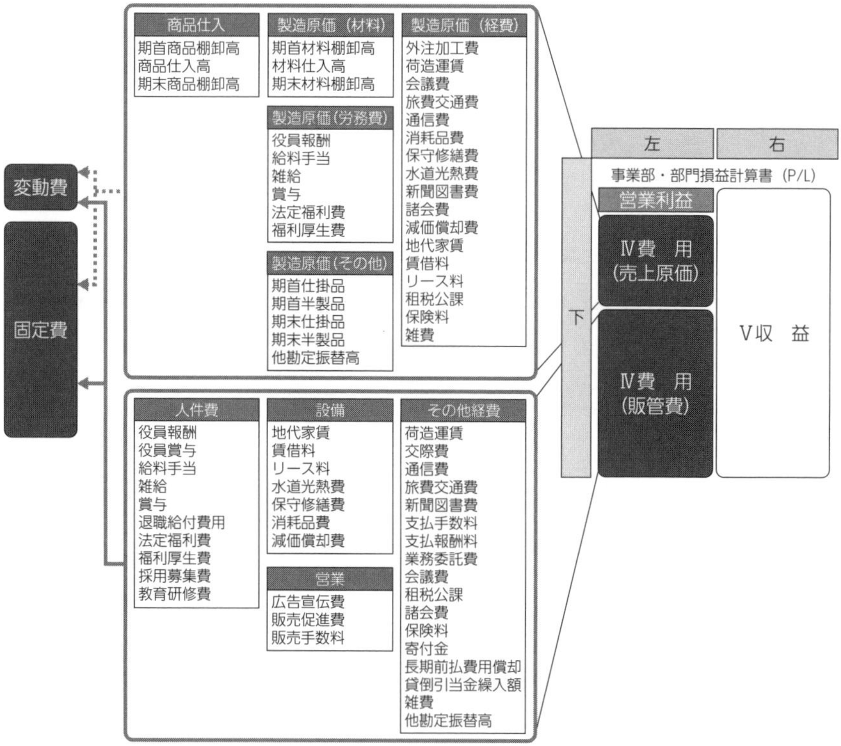

『費用構造からみて』というところがミソで，決算書の公式な表示のルールを無視して，P/Lの費用を，『**売上または生産に比例して発生する費用**』と『**売上または生産に比例しない費用**』に分けます。前者を『**変動費**』，後者を『**固定費**』といいます。

売上または生産の一定割合で増加するのが変動費，売上に関係なく発生するのが固定費ですから，縦軸，横軸どちらも売上を置いた場合，変動費・固定費は次のようなイメージになります。

[図表5−17]　売上に対する変動費と固定費の動き

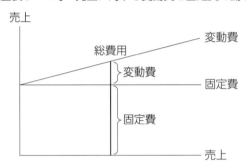

総費用＝変動費＋固定費です。そして，縦軸横軸どちらも売上ですから，売上は45度線として**図表5−17**に引くことができます。売上と総費用が交わるところが，売上＝総費用（変動費＋固定費）となり，損益分岐点となります（**図表5−18**）。

採算ラインである損益分岐点を超えると，黒字になります。損益分岐点を下げる方法は2つあります。第1に，『**変動費率を下げること**』，第2に，『**固定費を下げること**』です。変動費率というのは，売上または生産1単位に対してかかる費用の割合です。**図表5−18**の角度を下げるイメージです。

変動費率を下げた場合，**図表5−19**のようになります。

一方，固定費を下げた場合は，**図表5−20**のようになります。

[図表5−18] 損益分岐点

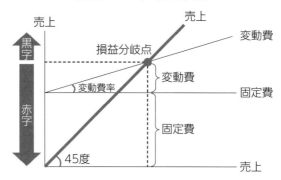

[図表5−19] 変動費率を下げた場合

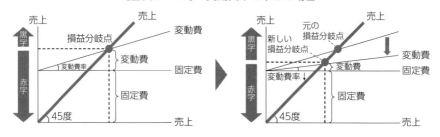

[図表5−20] 固定費を下げた場合

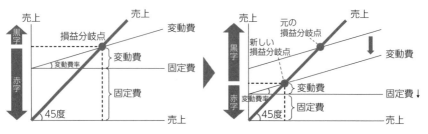

ここから，私たちは，何を考えるべきでしょうか。最も注目したいのは，**利益と費用構造の関係**です。自社のP/Lを使って変動費と固定費に分けると，売上または生産に比例する変動費はかなり少なく，圧倒的に固定費の割合が高いことがわかると思います。固定費が多い場合，利益が出る損益構造に変えるには，固定費を下げることが効果的であることがわかります。さらに，固定費を抑えながら売上を伸ばすことができれば，安定的に利益が出る構造になります。

　ところが，固定費は**『短期的』にはすぐに見直しができません**。また，固定費の見直しは，経費削減というレベルのはなしでもありません。もっと抜本的な業務プロセスの改革を伴うレベルのはなしです。そのため，固定費の抜本的な見直しの難しさ，着手して結果が出るまでの時間を考えると，**長期のスパンで変えていくという覚悟**で計画を立てるのが現実的です。よって，長期計画を策定するときには，費用を『変動費』と『固定費』に分類して，どのような構造になっていくべきか俯瞰的に検討する必要があります。

[図表５－21]　長期的に費用構造を俯瞰して見直す

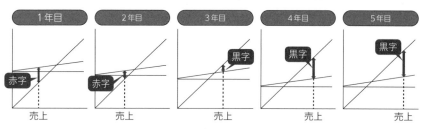

　費用を『変動費』と『固定費』として捉えるという視点は，まだ投資の**『インプット』の一部分**の議論です。インプットについて考える場合，『アウトプット』である『売上』を効率よく上げているかという視点も必要です。費用を抑え，売上を増やせば，利益は増加します。これについて，部分的な関係性を分析する方法として，**『生産性分析』**というものがあります。

　特定の経営資源の『インプット』と，そこから生み出される『アウトプット』

の効率性のはなしになります。特定の経営資源の『インプット』に対する『アウトプット』が，どのような割合かを測る指標を『生産性』といい，無駄なく『アウトプット』につながっているかを確認する指標になります。この指標を上げることで，結果的には，費用を抑え，売上を上げることに貢献します。

　最も活用される生産性の分析手法の１つが，ヒトという経営資源に関する分析で，『労働生産性』があります。分母である『インプット』がヒトであれば，分子である『アウトプット』は何になるでしょうか。１つは『売上』が挙げられます。ヒトと売上の関係で，どのような分析ができるか，よく用いられる指標を紹介します。

$$1 人当たり売上 \ = \ \frac{売上}{人員数}$$

　ヒトを『人数』で見た分析です。人材は重要な経営資源ですが，人件費の負担は，経営にとって重くなることも事実です。１人当たりの売上金額が高いほど，効率はよいという判断になります。固定費である人件費と，売上の関係を確認できます。なお，分母を，人数ではなく，『労働時間』に置き換えると，『人時生産性』といって，労働者１時間当たりの売上金額を算出することができます。飲食業，サービス業などではよく用いられる指標で，人時生産性をKPIとして，労働という投資が売上にどれだけ効率的に結びついているかを確認することができます。決算書が集計されなくても，現場レベルで計算が可能なため，現場へのマネジメントにも活用しやすい指標です。

　その他，よく活用される『アウトプット』として，『自社が新たに生み出した価値』があります。価値が新たに創造されるので『付加価値』といいます。例えば，100円で仕入れた商品を1,000円で販売した場合，企業努力によって900円の価値をその商品に加えることに成功したと考えます。そこから，さまざまな経費が差し引かれますが，900円の価値を生み出したからこそ，人件費

や地代などの経費も賄うことができます。もし，1,000円ではなく700円という価格でなければ販売できなかった場合，企業努力の結果，付加価値は600円しか生み出すことができなかったということになります。

[図表5－22]　付加価値

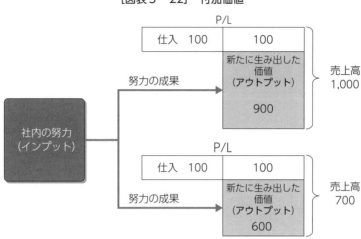

図表5－22は付加価値のイメージです。実際のところ，この説明はやや強引です。販売価格の決定には他の要因もあり，現実的には，まったく費用をかけずに付加価値を生み出すということはありません。概念的には理解できるが，計算するのは難しいはなしです。そこで，実務上は，次の2つの方法で計算します。中小企業庁方式と呼ばれる『**控除法**』，日銀方式と呼ばれる『**加算法**』です。

[図表5－23]　控除法と加算法

控除法	付加価値＝売上－外部から購入した価値※ ※　材料費，仕入，外注費など
加算法	付加価値＝経常利益＋人件費＋賃借料＋租税公課＋金融費用※＋減価償却費 ※　支払利息，社債利息など

付加価値は，売上を上限とすると，その枠の中のどこかになるはずです。しかし，厳密に算定することは難しいため，売上から，外部から付加価値を購入したと考える金額を控除するアプローチと，利益以外に自社が生み出した価値は誰かに分配できると考え，その主要な金額を加算していくアプローチのどちらかで計算します。

[図表5−24　2つの付加価値の計算方法

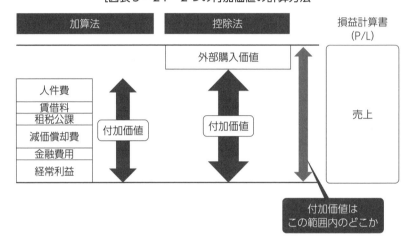

『アウトプット』である付加価値と，『インプット』である人員数を比較した指標が『**労働生産性**』になります。

$$労働生産性 \; = \; \frac{付加価値}{人員数}$$

労働者1人当たり，どれくらい付加価値を生み出しているかがわかります。

生産性は，少ない『インプット』で，どれだけ高い『アウトプット』が出ているかを知る手掛かりの1つです。ここで紹介した生産性は，経営資源の中の，

ヒトに着目した分析です。『インプット』と『アウトプット』は，それぞれ何を用いても構いません。重要なことは，『売上』，『変動費』，『固定費』を個別に計画するのではなく，それぞれの関係性，効果を意識する視点も必要であるということです。

　ここまでのはなしを踏まえ，いよいよ，『行動計画』⇔『数値計画（未来の決算書）』をセットで計画するはなしに入っていきます。
　まず，計画書策定に必要な要素を確認しておきます。これらの要素が漏れなく考慮されているかが重要です。

[図表 5 - 25]　事業計画策定に必要な要素

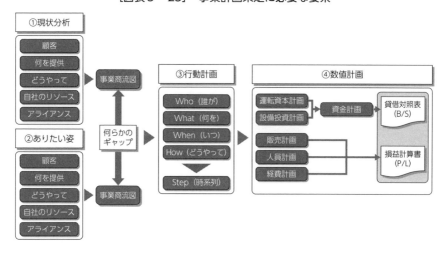

　『ありたい姿』と現状を商流で再現し，そのギャップを確認します。当然，そのギャップを埋めなければ『ありたい姿』にはたどり着けません。その間のプロセスが，行動計画です。その行動計画は，時系列で整理する必要があります。そして，行動すれば，数字が動きます。その数字をまとめた結果が，数値計画になります。
　このようなプロセスで策定した事業計画には，**相互に関連したストーリー**が

あります。どのような形でこれをまとめるかは，各社自由です。これから紹介する策定プロセスは，1つの例です。そして，意識的に詳細にしています。どこまで粒度を細かくするかは，会社によって変わります。少なくとも，**図表5－25**の要素とストーリーが，明瞭に伝わる構成になっていれば問題ありません。

それでは，一例としての策定プロセスを紹介します。計画のアプローチとしては，次のような順番が効率的です。

> 『決算書』 ➡ 『決算書をアレンジ』 ➡ 『行動計画』

『決算書をアレンジ』するというのは，決算書と行動計画がつながるよう，**決算書を行動につながる要素に分解**するということです。おおむね，次のような要素に分解すれば十分です。

[図表5－26]　決算書をアレンジ

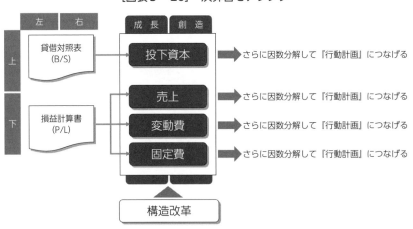

B/Sは『**投下資本**』，P/Lは『**売上**』，『**変動費**』，『**固定費**』という要素で整理します。『**成長**』と『**創造**』という2軸で計画することはいうまでもありません。

『成長』は，事業ライフサイクルを視野に入れ，『創造』は，新規事業の創出を考えます。事業にはライフサイクルがあります。成長期を過ぎると，やがて，成熟期，減退期を迎えます。投資に対する回収規模に陰りが見えてきたとき，投資を継続するかどうかを判断する必要があります。一方，将来の収益源となる可能性がある事業を育てることは重要課題です。可能性があるいくつかの事業に対して投資を行い，成長が見えてきた事業には投資を集中したいと考えます。しかし，経営資源には制約があります。

　また，すでに投資を行っている事業やプロジェクトの中で，**投資以上の回収が見込めない事業やプロジェクト**は，撤退も検討する必要があります。このような事業やプロジェクトに投資を継続するということは，『**他の投資機会を奪う**』ことになります。そこで，経営者としては，投資する対象を冷静に判断する必要があります。これらを考慮すると，『**選択と集中**』が必要となり，構造改革を伴う方向転換も決断しなければなりません。

（2）　ROICツリーから行動目標につなげる

　決算書をアレンジし，大きく『投下資本』，『売上』，『変動費』，『固定費』という4つの要素に整理しましたが，まだこれでは概念として大きすぎて，具体的に何を頑張ればよいかポイントが絞れません。そこで，さらに因数分解して，決算書に表れる数字を，現場の行動に近づけるための工夫をしていきます。

　工夫の方法として，ROICを応用した展開方法があります。ROICツリーといわれている，ROICをさらに階層的に分解したものです。ROICを改善するために，どこが改善のためのキーポイントになるかを探すとき，具体的な施策を検討するときによく使われます。

[図表5－27] ROICツリー

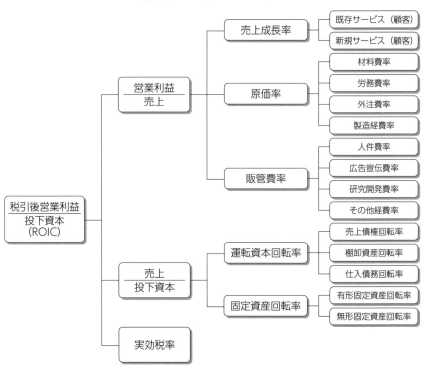

　この発想で，先ほどの4つの要素を因数分解してみます。まず，ROICは次のような式に分解可能です。

$$\text{ROIC} = \frac{\text{税引後営業利益}}{\text{売上}} \times \frac{\text{売上}}{\text{投下資本}}$$

（売上高税引後営業利益率）　　（投下資本回転率）

　そして，これをさらに分解してみます。

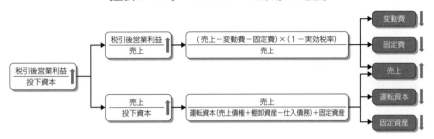

　長期的に稼ぐ組織になるということは，ROICは高い数値になる，あるいは高い数値を維持する必要があります。ROICを高めるためには，売上高税引後営業利益率を高めるか，投下資本回転率を高める，あるいはどちらも高める必要があります。そして，これらは，『売上』，『変動費』，『固定費』，『運転資本』，『固定資産』の要素に展開できます。この 5 つの要素は，**図表 5 − 28** のとおり，ROICを高めるために必要な方向性がわかります。

　ただし，**全体としての方向性**は，図表 5 − 28 のとおりですが，『創造』と『成長』への資金配分を考えた場合，『成長』への投資も一律に減らすべきではありません。『成長』は，生産性を向上させながら『創造』への投資も十分に行い，全体としては『投下資本』，『変動費』，『固定費』が減少するという形が理想です。

[図表５－29]　成長への投資を充実させながらROICを高める

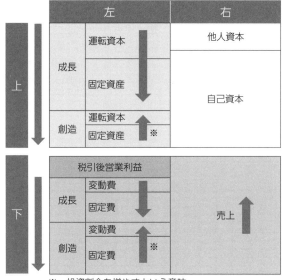

※　投資割合を増やすという意味

　これが『ありたい姿』を実現するときの制約条件になります。今は，まだ『決算書』に近い世界ではなしをしているところです。『行動目標』のはなしはこれからなのですが，『行動目標』を考えるとき，最終的には，５つの要素と連結するようにします。すると，少なくとも，**『行動目標』は，５つの要素の↑↓という大枠の方向性に沿った計画を策定する必要がある**ということが条件になることが理解できます。

　続いて，現場の行動の側面からも，決算書の数字に近づくためのアプローチが必要です。決算書は要約された書類のため，そこから現場レベルに具体化するのはかなり大変です。それよりも，現場から抽象化する作業を行い，最終的に，どこかで決算書からのアプローチのフォーマットと連結させることが効率的です。トンネルを両側から掘削していくようなイメージです。

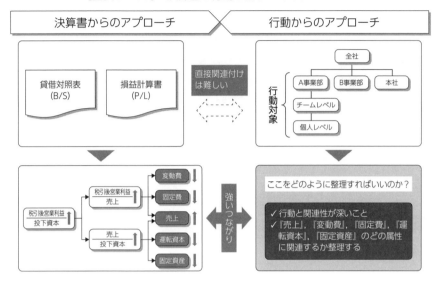

[図表5-30] 決算書と行動を結びつけるアプローチ

それでは，行動からのアプローチを考えてみましょう。まずは，現状の商流と，その商流に関わる関係者を洗い出します。そして，社外と社内で分けて，関係性をグループ分けしてみます（**図表5-31**）。

図表5-31の色を付けたグループについては，それぞれ，『何らかのことを考えながら』行動しているはずです。まず，何を行っているのか，その中でどういうことを考えているのか，何を課題としているのか，何を解決したいと悩んでいるのか，何に困っているのか，主な検討課題を整理してみます（**図表5-32**）。

[図表 5 − 31]　現在の商流と関係者グループ

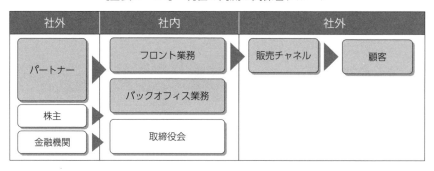

[図表 5 − 32]　各グループの検討課題

社内/社外	グループ	行っていること	各グループの検討課題
社外	顧客	現在顧客に対して行っていること	市場（場所）はどこか ターゲット顧客は誰か 提供するサービス・商品は何か どのように販売するか どのように対価をもらうか
	販売チャネル	販売チャネルに対して行っていること	直接販売するのか 代理店を経由して販売するのか ネットで販売するのか どのように顧客と接点を持つのか
	パートナー	パートナーに対して行っていること	何を仕入れるか 何を外部委託するか どのような専門家を活用するか
社内	フロント業務	財またはサービスの価値を産み出すために行っていること	どのような機能（役割）が必要か 何をアウトプットするのか 必要な人材と人数 必要な設備は何か 必要なシステム（IT）は何か
	バックオフィス業務	フロント業務が円滑に推進するために行っていること	どのような機能（役割）が必要か 何をアウトプットするのか 必要な人材と人数 必要な設備は何か 必要なシステム（IT）は何か

　フロント業務，バックオフィス業務を機能別に整理し，**図表 5 − 31・5 −32**をもう少しブレイクダウンした関係図は次のようになります。

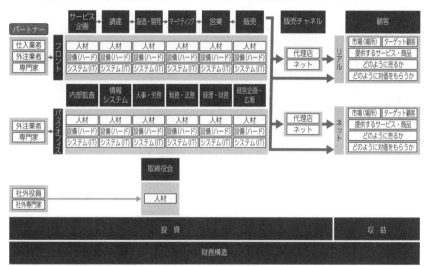

[図表 5 − 33]　商流と各グループに対する検討課題をブレイクダウン

　商流を，機能別（役割別）に分けるのは，『行っていること』を社内，社外問わず洗い出すためです。さらに，社内の各機能（役割）において何かを行うためには，『人』と『設備（ハードウェア）』と『システム（IT）』のどれか，あるいはすべてが必要です。『誰』が『どのようなインフラ』を使って，『何を行っているか』という形で整理をします。これらには，**すべて投資が発生**します。投資が必要な行動は，すべて網羅する必要があります。

　フォーマットは何でも構いません。『行っていること』の切り口から，投資（費用）につながる要素，収益につながる要素は，すべて漏らさずに洗い出しましょうということです。ここまでが現状の洗出し作業のプロセスです。

　次は，『ありたい姿』について，それが実現したら，**『どのような商流でどのような役割が必要か』**を，現状と同じ形で整理します。

[図表5－34] 『ありたい姿』を商流と役割で整理する

『現状』を商流と役割の視点で整理する　　　『ありたい姿』を商流と役割の視点で整理する

　このフレームワークができ上がったら，先ほどと同じように，各グループを
ブレイクダウンして，社内・社外問わず，『行うべきこと』，社内の各機能にお
いては，『誰』が『どのようなインフラ』を使って，『何を行うべきか』を整理
します。ここまでの作業を行うと，現状と『ありたい姿』との間で，商流および
各役割のどこかに，何らかのギャップがあることが確認できます。この
ギャップは，売上などの数字のギャップはもちろんですが，『行っていること』
と『行うべきこと』のギャップもあるはずです。

[図表5－35]　現状と『ありたい姿』のギャップ

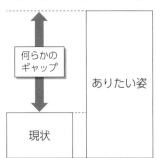

　現状では，まだ何も行っていないということもギャップに入ります。量では
なく，内容（質）が変わることもギャップです。要するに，現状とは違うとい
うことです。『ありたい姿』を実現するということは，将来『行うべきこと』が，
『できている』状態に，変えていかなければなりません。

そこで，考えるべきは，このギャップを埋めるための工程です。

[図表5−36] 『ありたい姿』実現までの工程表を作る

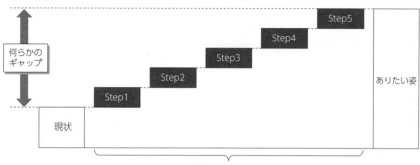

ここが，具体的な手順を踏んだ『行うべきこと』であり，外部利害関係者，社内のスタッフ全員が最も知りたい部分であり，**事業計画の核心部分**です。例えば，役割の切り口で，『開発部門』の現状と『ありたい姿』のギャップを埋めたい場合，開発部門は，現状から『ありたい姿』の期限である時期までの，改革工程表を計画することになります。

[図表5−37] 改革工程表

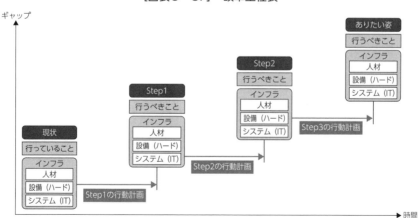

こうして，商流と各役割を，時系列別に整理したものが，『行動計画』になります。

[図表 5 −38] 行動計画

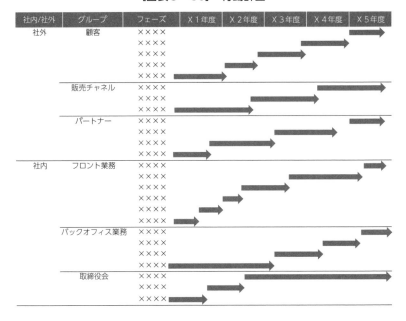

このような形で，行動計画を整理することができれば，時系列別に『**どのようなインフラ**』を使って『**何をする**』という計画が，見える化されます。ここまでくると，必要となる『インフラ』，『何をする』という内容が把握でき，投資内容と投資時期がわかってきます。また，『顧客』，『販売チャネル』の計画から，収益の内容や時期がわかってきます。数字の裏付けがある行動計画を策定することができれば，数字を使ったはなしが可能となります。こうして，決算書からのアプローチと行動からのアプローチをつなげることができます。

[図表 5 − 39] 行動計画によって決算書とつながる

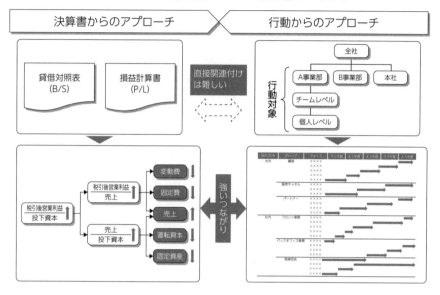

なお，『成長』と『創造』を分けて計画するほうが効率的になるのであれば，次のような展開方法も考えられます。

[図表 5 − 40] ROICツリーを『成長』と『創造』で分ける

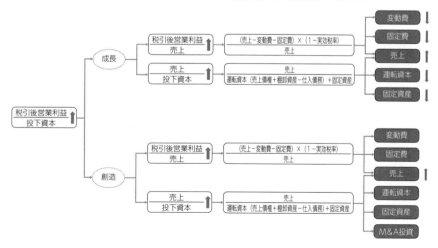

（3）　行動を数字で計画する

　行動計画が準備できました。次は各年度のストーリーに沿って，それが実行できたら，『売上』，『変動費』，『固定費』，『運転資本』，『固定資産』のどこに影響するかを，過去の決算書の情報などをもとに検討して金額で見積もります（図表5−41）。

　『売上』，『変動費』，『固定費』，そして『固定資産』の内容が集計できれば，未来のP/Lを作成することができます（図表5−42）。B/Sもできれば作成したいのですが，決算書としてのB/Sの作成は，技術的に難しいところがあります。わざわざB/Sという形で再現しなくても，B/Sの中に含まれている重要な要素が，計画時に漏れなく織り込まれていれば問題ありません。その重要な要素とは，『右』の**『有利子負債』**と**『自己資本』**をどのように調達するか，『左』の**『運転資本』**と**『固定資産』**をどのように活用するか，ということです。この要素を含めた『お金』の動きがわかれば最終的にはよいので，資金繰見込表でも十分に代替できます。

[図表５−41]　行動を金額で見積もる

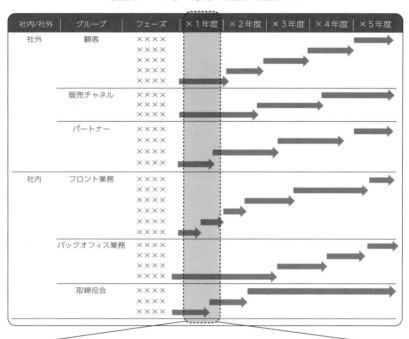

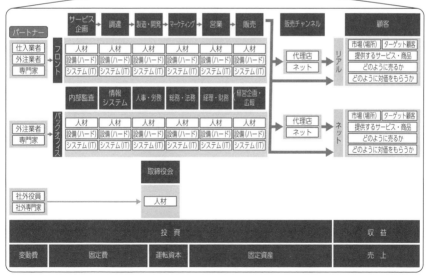

[図表5−42] 数値計画の仮集計

区分		科目		×1年度	×2年度	×3年度	×4年度	×5年度
B/S (上)	左	売上債権	成長	×××	×××	×××	×××	×××
			創造	×××	×××	×××	×××	×××
		棚卸資産	成長	×××	×××	×××	×××	×××
			創造	×××	×××	×××	×××	×××
		仕入債務	成長	×××	×××	×××	×××	×××
			創造	×××	×××	×××	×××	×××
		固定資産	成長	×××	×××	×××	×××	×××
			創造	×××	×××	×××	×××	×××
	投下資本(必要資金)			×××	×××	×××	×××	×××
	右	有利子負債		×××	×××	×××	×××	×××
		自己資本		×××	×××	×××	×××	×××
	資金調達			×××	×××	×××	×××	×××
P/L (下)	右	売上	成長	×××	×××	×××	×××	×××
			創造	×××	×××	×××	×××	×××
	左	変動費	成長	×××	×××	×××	×××	×××
			創造	×××	×××	×××	×××	×××
		限界利益	成長	×××	×××	×××	×××	×××
			創造	×××	×××	×××	×××	×××
		固定費	成長	×××	×××	×××	×××	×××
			創造	×××	×××	×××	×××	×××
	営業利益		成長	×××	×××	×××	×××	×××
			創造	×××	×××	×××	×××	×××

区分		科目	×1年度			×2年度			×3年度			×4年度			×5年度		
			成長	創造	合計	成長	創造	合計	成長	創造	合計	成長	創造	合計	成長	創造	合計
B/S (上)	左	売上債権	xxx	xxx	xxx	xxx	xxx	xxx	xxx	xxx	xxx	xxx	xxx	xxx	xxx	xxx	xxx
		棚卸資産	xxx	xxx	xxx	xxx	xxx	xxx	xxx	xxx	xxx	xxx	xxx	xxx	xxx	xxx	xxx
		仕入債務	xxx	xxx	xxx	xxx	xxx	xxx	xxx	xxx	xxx	xxx	xxx	xxx	xxx	xxx	xxx
		固定資産	xxx	xxx	xxx	xxx	xxx	xxx	xxx	xxx	xxx	xxx	xxx	xxx	xxx	xxx	xxx
	投下資本(必要資金)		xxx	xxx	xxx	xxx	xxx	xxx	xxx	xxx	xxx	xxx	xxx	xxx	xxx	xxx	xxx
	右	有利子負債	xxx	xxx	xxx	xxx	xxx	xxx	xxx	xxx	xxx	xxx	xxx	xxx	xxx	xxx	xxx
		自己資本	xxx	xxx	xxx	xxx	xxx	xxx	xxx	xxx	xxx	xxx	xxx	xxx	xxx	xxx	xxx
	資金調達		xxx	xxx	xxx	xxx	xxx	xxx	xxx	xxx	xxx	xxx	xxx	xxx	xxx	xxx	xxx
P/L (下)	右	売上	xxx	xxx	xxx	xxx	xxx	xxx	xxx	xxx	xxx	xxx	xxx	xxx	xxx	xxx	xxx
	左	変動費	xxx	xxx	xxx	xxx	xxx	xxx	xxx	xxx	xxx	xxx	xxx	xxx	xxx	xxx	xxx
		限界利益	xxx	xxx	xxx	xxx	xxx	xxx	xxx	xxx	xxx	xxx	xxx	xxx	xxx	xxx	xxx
		固定費	xxx	xxx	xxx	xxx	xxx	xxx	xxx	xxx	xxx	xxx	xxx	xxx	xxx	xxx	xxx
	営業利益		xxx	xxx	xxx	xxx	xxx	xxx	xxx	xxx	xxx	xxx	xxx	xxx	xxx	xxx	xxx

　ここででき上がる数値計画は，まだ成行きの暫定的な計画です。売上，利益も気になりますが，検証作業が必要です。

まず，積み上げてきたロジックが，しっかりとしたものであるかという確認を行うべきです。計画は，基本的に見直すことがあり，実績を評価するために使用するという前提で作成します。事業部・部門で展開できるか，行動計画や目標の変更に対応できるような条件設定になっているかを，丁寧に確認していきます。

　次に，目標としている売上，目標としている利益，ROICの指標が期待している値を超えているかを確認します。売上の計画は，基本的には，楽観的に見積もらないことが原則です。売上の見込みが甘いということは，行動計画のシナリオが楽観的になっているということです。営業活動の量を増やしたら，受注がそれに比例して増えるとは限りません。行動と顧客からのリアクションの関係性については，厳しく検証していく必要があります。

　『変動費』，『固定費』，『固定資産（減価償却費）』の見積額が想定以上に大きい場合，『行動計画を全体として見直す』あるいは，『投資の構造そのものを見直す』必要があります。『ありたい姿』を構想したときに組み立てたビジネスの構造を，もう一度分解して組み立て直すくらいの検討が必要になるかもしれません。『必要なインフラ』，『すべきこと』を積み上げていくと，結構な金額になってしまったということはよくあります。ここまでは想定の範囲内です。どれくらい想定を上回っているか把握したあと，考えるべきは，回収が見込んだとおりに実現するための手段（行動）は『その方法しかないのか』と原点に戻り，もう一度工程表をすべて点検することです。やるべきことは，『工程表の見直し』です。数字だけいじってはいけません。ただ，見直しにあたって，変動費，固定費を圧縮するという方向性での見直しは，意識する必要があります。

　回収を最大化するための投資という視点を，変動費，固定費に織り込み，長期的には，どのような構造にしてくのが望ましいかを表すと，**図表５−43**のようになります。

[図表5−43]　望ましい変動費と固定費の構造

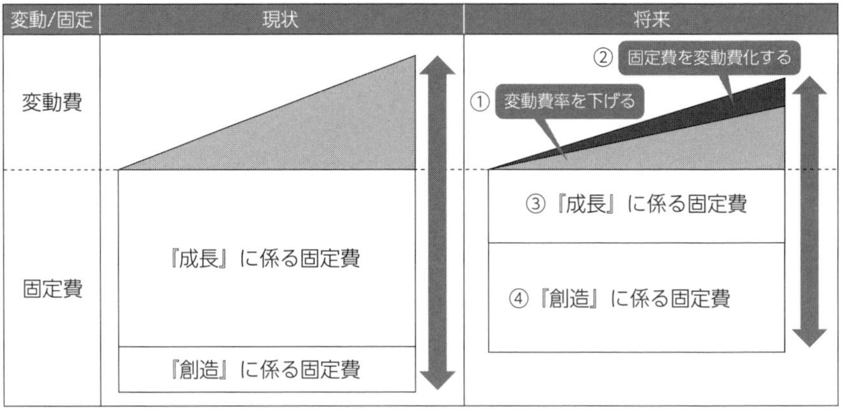

変動/固定	現状	将来
変動費		② 固定費を変動費化する ① 変動費率を下げる
固定費	『成長』に係る固定費 『創造』に係る固定費	③ 『成長』に係る固定費 ④ 『創造』に係る固定費

　全体の見直しの方向性は，変動費も固定費も下げることになります。そのう
えで，**質を変えていきます**。

　①は当初想定している変動費を効率化して，変動費率を下げる努力です。②
は固定費を削減する方法の１つとして，保守サービスの外注化など，売上また
は生産に比例する費用に変更することです。新たな変動費になるので，変動費
の増加要因にはなります。目標は，①と②を合算しても，当初計画の変動費よ
りも下がる構造にすることです。そして，**③が最も圧縮すべき固定費**です。生
産性を上げられるかどうかは，この費用を下げられるかどうかにかかっていま
す。④は長期的な視点で考えれば，③で削減可能な資金をより振り向けたい費
用です。このように，投資資金をいつのタイミングで，何に振り分けるかを再
度見直します（**図表5−44**）。

　もう一度，ROICの視点に戻ると，営業利益は，P/Lの数値計画の中での見
直しの範囲になりますが，『運転資本』や『固定資産（B/S）』はまだ見直しの
対象にはなっていません。

　ROICの指標では，投資効率を上げるには，分子を上げるか，分母を下げる
必要があります。

[図表５−44]　行動計画を見直す

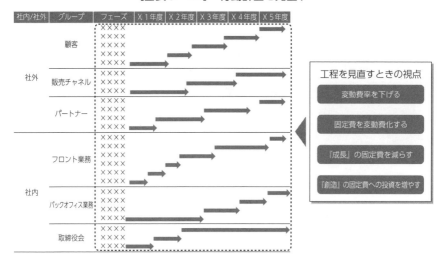

$$\text{ROIC} \uparrow = \frac{\text{税引後営業利益} \uparrow}{\text{投下資本} \downarrow}$$

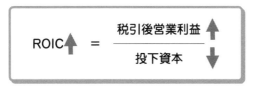

　このうち，分母を下げるということは，『運転資本』『固定資産』を圧縮するということです。少ない資本でより多く稼ぐという，投資効率性が非常に重要な時代になっています。投資効率性の視点では，固定資産は持っていると価値があるというより，むしろ逆に，もっと減らして経営できないのかということになります。

　『運転資本』の圧縮を考える場合，ビジネスモデルの転換を伴うくらいの改革が必要となることがあります。これは，日々の経営努力の延長線上では難しいはなしです。事業計画策定時のときに，根本的な部分から見直しを検討するよい機会と捉えて考えてみます。

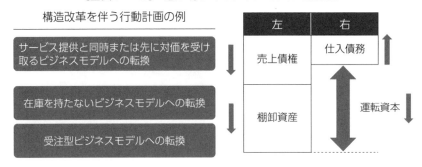

[図表5－45]　思い切ってビジネスモデルを見直す

構造改革を伴う行動計画の例

サービス提供と同時または先に対価を受け取るビジネスモデルへの転換

在庫を持たないビジネスモデルへの転換

受注型ビジネスモデルへの転換

左	右
売上債権	仕入債務
棚卸資産	運転資本

『固定資産』の圧縮を考える場合も同様で，従来の延長線上ではなく，ゼロベースに戻って検討する意識が必要です。そして，節約というレベルのはなしではないため，経営者が改革への舵を切る覚悟がないと，何も始まりません。まずは，全体としての固定資産を増やさない，むしろ減らせないかという意識を持つようにします。生産性を向上させながら，次の投資機会を育てるという意味では，先ほどの『固定費』の構造を変えるはなしと同じです。

[図表5－46]　望ましい固定資産の構造

回収に貢献	現状	将来
非貢献	休止固定資産	① 処分
	非事業用資産	
貢献	『成長』に係る固定資産	② 『成長』に係る固定資産
		③ 『創造』に係る固定資産
		④ M&A投資
	『創造』に係る固定資産	

　まず，①に係る固定資産の洗出し作業を行い，早期に処分します。②は，新規設備への更新，パートナーとのアライアンスにより，自社の設備を減らすな

どによるビジネスモデルの転換など，投資効率の改善策を検討します。③は，②により削減可能な資金を，より振り向けたい部分ですが，新規事業については，可能な限り固定資産を持たない経営ができないかということについて，最初から考えてみる必要があります。そして，④のM&A投資についても，ある程度想定しておく必要があります。

このように，『運転資本』と『固定資産』の質を見直し，ROICの改善策を具体化していきます。では，ROICは少なくとも，どれくらいの投資効率が必要になるのでしょうか。

会社全体としてのROICであれば，考え方は非常に単純で，**全社の投資効率は調達コストであるWACCを上回る**ことが必要です。

一方，事業部・部門単位でROICを考える場合はどうでしょうか。事業部・部門の責任者から見ると，有利子負債と自己資本は，同じ投資資金です。もちろん，事業部・部門の責任者は，自部門に配分される資金が，どこから資金調達されているかはわかりません。しかし，投下資本を調達するためのコストが発生していることは事実です。よって，ROICは，投下資本の調達コストを上回る収益性が最低条件であり，ハードルレートになります。

> ROIC（%）　＞　調達コスト（%）

事業部・部門に投下した資本に係る調達コストといっても，厳密にはわかりません。

ここで，単純な例を使って考えてみましょう。会社には1つの事業部門しかないとします。組織としてはフロントであるA事業部，そしてバックオフィスである本社があるとします。本社は，銀行，株主から資金を調達する仕事をし，調達した資金は，A事業部に送金します。A事業部は，その資金を使って投資します。後に調達コストを払う必要がありますが，A事業部の最低限のノルマ

は，WACCで十分でしょうか。答えは**不十分**です。なぜなら，本社にも運営費用がかかっているからです。

[図表 5 – 47]　WACCでは本社費用を賄えない

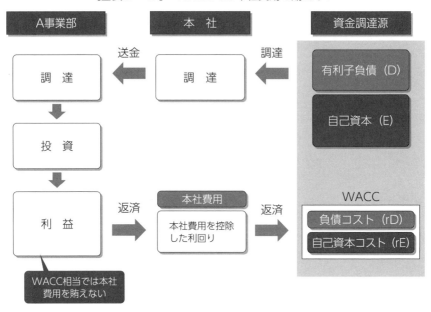

A事業部は，本社費用を賄う利益を稼ぐが必要があります。A事業部だけでは，資金調達の技術がありません。本社は，資金調達の技術はありますが，稼ぐ技術はありません。会社は，どちらの機能も必要です。そうすると，A事業部のROICのハードルレートは，WACCを超える水準である必要があります。

　この例は，稼ぐ事業部がA事業部１つしかないという極端な例ですが，複数事業部がある会社の場合には，ここまで単純なはなしではありません。全社ベースのROICは，『WACC＋α』が必要ですが，全社平均のROICが，『WACC＋α』をクリアしていれば問題なく，各事業部のROICが，一律に『WACC＋α』である必要は，本来ありません。事業部ごとにハードルレートを算出すること

ができるのは，本社コーポレート部門になりますが，厳密に設定を変えて運用するかどうかは，会社の考え方次第です。

　できれば，事業部・部門の責任者としては，会社の方針にかかわらず，ROICは，WACCをはるかに超える高い目標を設定してほしいと思います。少なくとも，会社としてのWACCを把握したうえで，それ以下はありえないという基準値にはなります。したがって，事業部門単位で数値計画を策定する場合，ROICがWACC以下，あるいは，WACCとほぼ同水準であれば，もう一度『行動計画』から見直したほうがよいと思います。

　『行動計画』の修正と『数値計画』の修正を繰り返し，期待する計画ができれば，事業計画の策定作業は完了になります。『行動計画』と『数値計画』がリンクし，ようやく事業計画といえる計画になります。

[図表5−48]　事業計画とは『行動計画』と『数値計画』である

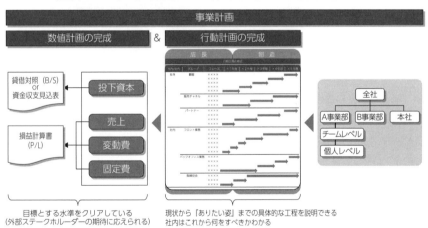

　社外・社内に，目標実現までのストーリーと，実現可能性が伝わる事業計画書になっているか，何度も確認します。形ではなく，中身が問題なのですから。

Column SDGsと事業計画

　SDGs，ESG，サステナブル経営という言葉が，事業計画や経営方針などで目に触れる機会が増えてきました。会社としては，社会的責任があり，これらを無視した経営はありえません。ただ，1つだけ気になることがあります。それは，『引力』のはなしをしたように，あまりにも遠すぎないかということです。ベクトルは間違っていないのですが，目標に対する具体的なマイルストーンや行動計画にまで落とされていない会社では，その目標は誰にも響いていないのではないかと心配になります。

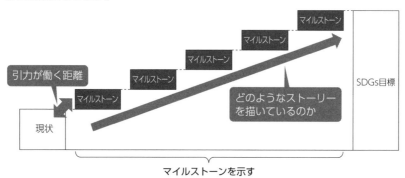

マイルストーンを示す

　本気でSDGs目標に会社として取り組むのであれば，引力を意識して，どのようなストーリーを描いているのか，現状から，まず何をクリアしていくかを強調するほうが，効果は上がるのではないかと感じています。

第 6 章

組織としての成長を考える

―― 実績を評価する

1 事業部・部門の実績を評価する

（1） 事業部別・部門別に費用は分けられるのか

　計画を策定したら，社内は，計画を実現するために，全社員が行動を起こす必要があります。本章では，『施策を実行する人のマネジメント』の視点から，決算書とどのように向き合えばよいかを考えます。人のモチベーションに働きかけるはなしです。人の評価はその中の一部に過ぎません。現場に近い，事業部・部門において，どのように運用するかというはなしが中心になります。

　第5章で，『引力』のはなしをしました。**人は遠すぎると実感が湧きません。**実感が湧くためには，『①遠すぎないデータの提供』，『②振り向かせる工夫』を検討，実行する必要があります。

　決算書を活用して，数字による目標設定，達成状況の確認などを事業部・部門のスタッフと共有するのは，マネジメントに有効な手段です。スタッフから見て，数字の理解のしやすさ，イメージのしやすさを考えると，やはり基本は，上下左右のうち，『下』のP/Lをベースにすることが，取り組みやすい方法となります。

　P/Lをメインにマネジメントする場合，全社P/Lを，**自分たちの所属する組織に分ける**必要があります。『①遠すぎないデータの提供』，『②振り向かせる工夫』のためには，『**自分たちに関係がある（と思っている）Ⅴ収益，Ⅳ費用**』で議論するのが望ましいからです。

[図表6－1]　全社P/Lを分ける

区分	A事業部	B事業部	C事業部	…	全社
売上高	×××	×××	×××	…	×××
売上原価	×××	×××	×××	…	×××
販管費	×××	×××	×××	…	×××
営業利益	×××	×××	×××	…	×××

自分たちに関係がある（と思っている）収益，費用

『Ｖ収益』は，事業部・部門に紐づいていることが多いので，分けることは比較的難しくありません。問題は『Ⅳ費用』です。事業部・部門のみで発生する費用は，そのまま集計すれば簡単ですが，内容によっては，ほかの事業部・部門と共通して発生する費用もあります。例えば，電気代やオフィスの減価償却費などの共通費は，事業部・部門ごとに単純に分けられませんが，発生はしています。したがって，何らかの方法で，各事業部・部門に費用を帰属させる必要があります。この作業のことを『配賦する』といいます。

『配賦方法をどうするか』は，マネジメントのための，社内の決め事になります。外部利害関係者には関係ないはなしです。中でどう分けるかという問題です。実際，共通費はかなりあります。

[図表6－2]　共通費の配賦

配賦

科目	A事業部	B事業部	C事業部	D事業部	共通費
水道光熱費					×××
通信費					×××
地代家賃					×××
リース料					×××
減価償却費					×××
租税公課etc					×××
合計					×××

どういう基準で配賦すべきか

1）共通費合計を1の基準で配賦
2）科目ごとに基準を設けて配賦
　・売上高
　・所属人数
　・労働時間
　・使用面積　など

分け方に絶対的な基準はなく，共通費を一括りにして人数や面積などを基準に分ける方法，科目ごとにその費用の性質に比較的相関関係があると考えられる基準で分ける方法などがあります。配賦基準をどのように設定するかで，各事業部・部門への配賦金額は変わります。ただし，実態に合わせて，細かく，丁寧に配賦するためのデータを集めるには，かなり手間がかかります。少なくとも月次で実績を集計する必要があるため，毎月のルーティン作業として，担当者が通常業務の範囲内でできるボリュームかどうかは考える必要があります。

（2）　本社費の配賦問題

　共通費といえば，『本社』にかかる費用もあります。先ほどの，事業部・部門間で共通的に発生する費用は，自ら使っている感覚はあるものの，使用分を簡単には計算できないものでしたが，本社費は，現場の感覚からすると，自ら使っているという感覚はありません。少なくとも，自分たちの意思で支出内容を決められるものではありません。会社全体の観点からは，本社の部門は収益を生まない部門ですから，全社として利益を上げるためには，現場の事業部・部門が生み出す収益で，本社費を賄わなければなりません。そのため，各事業部・部門に本社費を割り当てて，そのうえで利益が出ているかをマネジメントしてもらいたいと考えます。しかし，現場の感覚としては，本社費は，自分たちでコントロールできないにもかかわらず，その費用も負担しろといわれても困ります。
　一般的には，本社費の取扱いは 2 つの方法があります。

---

① 　何らかの方法で配賦する
② 　本社も事業部門にサービスを提供しているのでサービスフィーを取る

［図表6－3］ 本社費の取扱い

①何らかの方法で配賦する

■本社費配賦前　　　　　　　　　　　　　　　　（単位：千円）

区分	A事業部	B事業部	C事業部	本社	全社
売上高	500,000	800,000	650,000	－	1,950,000
売上原価	160,000	300,000	250,000	－	710,000
売上総利益	340,000	500,000	400,000	－	1,240,000
販管費	180,000	210,000	150,000	－	540,000
本社費	－	－	－	600,000	600,000
営業利益	160,000	290,000	250,000	▲ 600,000	100,000

■本社費配賦後　　　　　　　　　　　　　　　　（単位：千円）

区分	A事業部	B事業部	C事業部	本社	全社
売上高	500,000	800,000	650,000	－	1,950,000
売上原価	160,000	300,000	250,000	－	710,000
売上総利益	340,000	500,000	400,000	－	1,240,000
販管費	180,000	210,000	150,000	－	540,000
本社費	150,000	262,500	187,500	－	600,000
営業利益	10,000	27,500	62,500	0	100,000

本社費を配賦してゼロにする

②本社も事業部門にサービスを提供しているのでサービスフィーを取る

■本社費サービスフィー負担前　　　　　　　　　（単位：千円）

区分	A事業部	B事業部	C事業部	本社	全社
売上高	500,000	800,000	650,000	－	1,950,000
売上原価	160,000	300,000	250,000	－	710,000
売上総利益	340,000	500,000	400,000	－	1,240,000
販管費	180,000	210,000	150,000	－	540,000
本社費	－	－	－	600,000	600,000
営業利益	160,000	290,000	250,000	▲ 600,000	100,000

■本社サービスフィー負担後　　　　　　　　　　（単位：千円）

区分	A事業部	B事業部	C事業部	本社	全社
売上高	500,000	800,000	650,000	530,000	2,480,000
売上原価	160,000	300,000	250,000	－	710,000
売上総利益	340,000	500,000	400,000	530,000	1,770,000
販管費	180,000	210,000	150,000	－	540,000
本社費	130,000	250,000	150,000	600,000	1,130,000
営業利益	30,000	40,000	100,000	▲ 70,000	100,000

各事業部からサービスフィーを受け取る

本社はサービスフィー内で利益を出す責任を負う

ほかの共通費と同様，費用を分けるか（①の方法），事業部・部門から見て，本社を別会社と考え，外注費として社内ルールに基づいた費用を事業部・部門では計上し，本社は役務提供収益を収益として認識させます（②の方法）。

　本社からサービスの提供を受けているのは事実ですから，本社費用を含めたうえで事業部・部門の利益責任を負うべきという考え方であれば，①の方法になります。一方，本社からのサービス提供に係る対価は当然負担するが，本社には，各事業部・部門が負担する費用の中でやりくりしてもらい，実際の本社費が，事業部・部門が負担した費用合計を超えた場合の責任は，本社が負うという考え方であれば，②の方法になります。①の方法は，**配賦基準をどうするかが難しい課題**になります。②の方法は，**適切な本社費の負担額の設定が難しい課題**になります。このような決め事は何を基本とすればいいのでしょうか？

（3）　現場が腹落ちするか

　事業部・部門の単位で実績を評価する場合，費用については上記のような課題が生じます。どうすればよいかを考えるために，一度，原点に戻ってみることにします。決算書は，外部利害関係者に対しては，報告用として使われます。社内では，『**過去の結果を将来に活かす**』ために使います。社内活用のためですから，活用目的に合わせて，フォーマットなどはアレンジして使います。

　決算書は，一定期間の過去の結果を提供できます。その期間に対応する目標があれば，『**計画どおりに進捗しているか**』，あるいは，『**目標を達成できたか**』を確認することができます。このデータは評価にも使えます。**評価の目的は『人の動機づけ』**です。人のモチベーションに働きかけて，会社として期待する方向に動いてもらうことが狙いです。昇給，賞与，昇進，昇格などの人事査定に使われることもありますが，これも会社として期待する方向に動いてもら

うための手段の1つであり，本質的には，会社として行きたい場所があり，全員がその方向に目を向けてもらうこと，そこに行かなければと自走してもらうことが，会社の期待です。つまり，その人の気持ちの中のはなしであり，直接介入することはできません。**評価は間接的に人の気持ちに働きかける仕組み**なのです。期待する方向に人が動かなければ，評価の目的は失敗ということになります。ここは非常に重要なことなので強調しておきます。

[図表6-4] 評価の目的は人の動機づけ

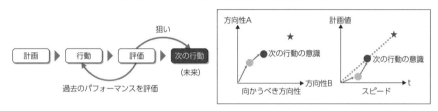

　事業部・部門としての実績を評価する場合，評価する視点は2つあります。1つは，**『組織としての評価』**，もう1つは，**『人（個人）の評価』**です。前者は組織単位のパフォーマンスの評価，後者は個人のパフォーマンスの評価です。

　まず，『組織としての評価』についてのはなしをします（人の評価は，詳しく説明したいので，節を分けて後述します）。組織としての評価は，さらに2種類に分かれます。第1に，全社から見た事業部のパフォーマンスの評価であり，事業部間の収益性の比較や，事業部への投資額の配分の見直し，存続，撤退などの意思決定の判断材料としての評価があります。第2に，事業部・部門の責任者の評価があります。事業部・部門も会社によっては，規模やチーム編成などさまざまです。そして，事業部・部門の責任者以外にも，特定の範囲内で責任と権限の役割を与えられる場合もあります。

[図表6－5] 管理者と責任の範囲

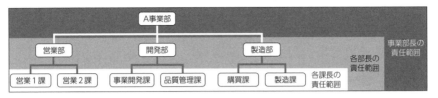

　第1の評価は，事業部の利益で評価することが基本になります。しかし，第2の評価は，そう単純なはなしではありません。本章の冒頭でもはなしをしましたが，『人は遠すぎると実感が湧きません』。これは，評価において，最も避けなければいけないことです。各階層別の責任者が，自分に関係あるはなしであると意識できることが重要です。すなわち，**自分が責任を持って，Plan-Do-Check-Actionを行える範囲**で評価することが重要です。そのためには，P/Lを，社内用にある程度加工する必要があります。

　ここでは，これまでのはなしを踏まえて，各階層別の責任者にどのようなデータを提供すればいいか，もう少し詳しく説明します。全社のP/Lを分解するときに，一番問題になるのは，費用の分け方でした。

> ① 金額を直接把握できる費用
> ② 共通して発生する費用
> ③ 責任者では意思決定できない費用

　費用は大きく3パターンに分類できます。①は個別に把握できるので問題ありません。②は使用していることは事実ですが，自分たちが使用した金額はこれだけであると明確に把握することはできません。③は責任者としてはどうしようもありません。会社としては，発生は不可避であっても，責任者の立場では，何もコントロールできない費用です。このように細かく管理しようとすると，単純に，かつ客観的に分けられないという問題が発生します。

共通費の配賦基準，本社費の取扱いは，どの方法が正解かというはなしでは
ありません。重要なことは，**現場のモチベーションに働きかける**施策としては，
その会社にとっては，どれがよいのかというはなしです。そもそも，なぜP/L
を分けるのか，分けてどうするのかというと，人のマネジメントを行うためで
した。確かに理論的に正しい絶対額を把握することが，人の気持ちを動かす最
も有効な手法であれば，管理担当者は，極力正しい数字の把握を追求すべきで
す。しかし，共通費は，前月と比べて，前年同月と比べて，数字が変化（増加
あるいは減少）することを伝えることでも，わかることは多くあります。変化
の把握であれば，『**同じルールを継続適用**』すれば十分です。継続性があれば，
正確性を多少犠牲にしても構わないと思います。科目によって管理レベルの強
弱をつけ，事業部・部門に直接紐づけができる収益，費用のマネジメントに時
間を割いたほうが効果的です。

　本社費については，事業部・部門ですべてを管理しようと考えるから，はな
しがややこしくなります。分けるべきものは分けるが，すべてを分ける必要は
ありません。**自分たちが責任を持って，Plan-Do-Check-Actionを行える範
囲が明確**であることが何より重要です。

[図表６－６]　責任範囲を明確にする

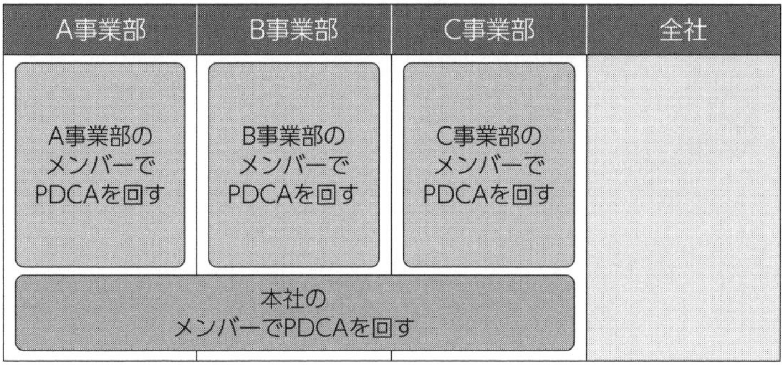

A事業部	B事業部	C事業部	全社
A事業部のメンバーでPDCAを回す	B事業部のメンバーでPDCAを回す	C事業部のメンバーでPDCAを回す	
本社のメンバーでPDCAを回す			

また，第4章で，費用は変動費と固定費に分類できるというはなしをしました。評価の観点からいえば，P/Lは，変動費と固定費に分けて営業利益を出すという形のほうが，利益の見込みやシミュレーションの計算が行いやすくなります。

　そこで，変動費と固定費を，**責任者の裁量で管理できる範囲とそれ以外に分けて**みます。この責任者の裁量で管理できる範囲の費用のことを，**『管理可能費』**，範囲外の費用のことを，**『管理不能費』**といいます。売上が事業部の責任で管理できるのであれば，変動費も事業部の責任で管理できるはずですから，管理可能費です。固定費は，管理可能費と管理不能費に分かれます。さらに，管理可能固定費は，**『当期の回収に貢献する固定費（成長）』**と**『将来の回収に貢献する固定費（創造）』**に分けられます。評価可能な分類，投資目的分類で管理するなら，ここまで分解するのが理想的です。

[図表6−7]　費用を管理可能費と管理不能費に分ける

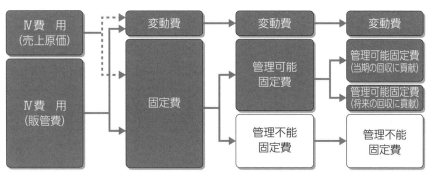

　このように分解できれば，事業部別の，『売上』，『変動費』，『管理可能固定費（当期の回収に貢献）』，『管理可能固定費（将来の回収に貢献）』，『管理不能固定費』を把握することができます。『売上』から『変動費』を差し引いた利益のことを**『限界利益』**といいます。限界利益は，売上・生産量に比例する費

用のみなので，売上総利益よりも利益の範囲は広くなります。固定費は一定のため，限界利益がどうなるかで，営業利益を予測することができます。限界利益から管理可能固定費を差し引いた利益のことを『**管理可能利益**』といいます。

[図表6－8]　管理可能利益

	科目	A事業部	B事業部	C事業部	本社	全社合計
下	売上	×××	×××	×××		×××
	変動費	×××	×××	×××		×××
	限界利益	×××	×××	×××		×××
	管理可能固定費 （当期の回収に貢献）	×××	×××	×××	×××	×××
	管理可能固定費 （将来の回収に貢献）	×××	×××	×××		×××
	管理可能利益	×××	×××	×××	▲×××	×××
	管理不能費	×××	×××	×××		×××
	営業利益	×××	×××	×××	▲×××	×××

（注）　本社費を配賦する前の状態

事業部・部門の評価は営業利益ですが，**事業部・部門の責任者の評価は管理可能利益**を用いることが合理的です。では，管理可能費と管理不能費はどのように分類するのでしょうか。184頁の費用の3パターンの分類では，③は，明らかに管理不能ということがわかりますが，①と②が，どこまで管理可能であるかは，会社によって異なります。責任者にどこまで責任と権限が与えられているかによりますし，システム投資によってかなり正確に費用を発生別に管理，集計できるような会社では，管理可能費の範囲が拡がります。

管理不能費は，『**その責任者の立場から見たら**』管理不能というだけであり，**誰かにとっては責任を持つ費用**です。会計は，その責任者に必要な数字だけフォーカスするような工夫をすることが大事です。ここは手抜きしてはいけないところです。

（4） B/Sをどう評価するか

　事業部・部門のマネジメントにおいては，**決算書のB/S（上）という形**で実績評価を行う重要性，必要性は，あまり高くありません。独立したカンパニー制度を採用している会社では，事業部門ごとにB/SとP/Lがあったほうが，事業部門長の経営者意識は高まりますので，B/Sも作成する必要性はあります。ただし，B/Sを事業部・部門ごとに作成するという作業は，P/L以上に手間がかかります。B/Sについては，事業部・部門から見ると，重点的に管理すべきポイントは絞られます。苦労して事業部・部門別B/Sを作成したとしても，確認ポイントがある程度決まっているのであれば，そのポイントだけ把握する方法でも，十分マネジメントは行えます。

　そのポイントはどこかというと，投下資本である，『**運転資本**』と『**固定資産**』（**有利子負債＋純資産**）であり，評価指標としては，ROICが適しています。

[図表6－9]　B/Sの重点的評価項目

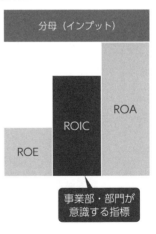

運用	調達
左	右
Ⅰ非事業用資産	Ⅱその他負債
Ⅰ売上債権	Ⅱ仕入債務
Ⅰ棚卸資産	Ⅱ有利子負債
Ⅰ固定資産	Ⅲ純資産

（上）

営業利益（アウトプット）	Ｖ収益
Ⅳ費用	

（下）

分母（インプット）

ROA
ROIC
ROE

事業部・部門が意識する指標

『Ｉ売上債権』,『Ｉ棚卸資産』,『Ⅱ仕入債務』,『Ｉ固定資産』については，自部門の管理可能な範囲である科目を管理対象とします。運転資本は，事業部・部門に紐づくと思いますが，固定資産については，共通資産という性質の資産もあります。事業部・部門別P/Lと同様，管理可能な運転資本，固定資産については，責任を持って実績の評価，対策のための行動をマネジメントします。

[図表６－10]　管理可能な運転資本と固定資産

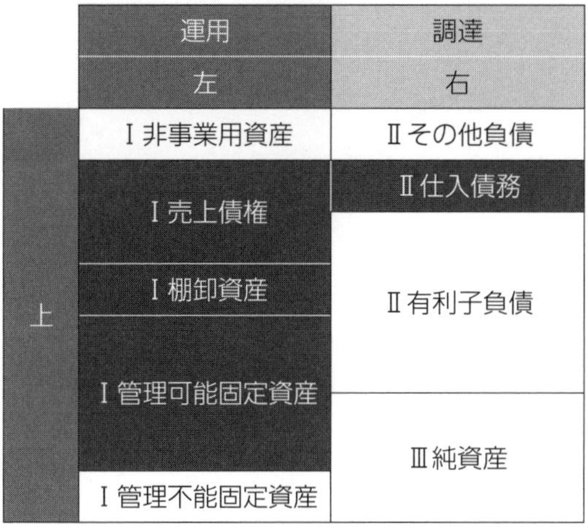

運用
調達
左
右
上
Ｉ非事業用資産
Ⅱその他負債
Ⅱ仕入債務
Ｉ売上債権
Ｉ棚卸資産
Ⅱ有利子負債
Ｉ管理可能固定資産
Ⅲ純資産
Ｉ管理不能固定資産

B/Sの作成というよりも，『運転資本』と『固定資産』を事業部・部門ごとに集計できるよう構築できれば問題ありません。

そして，すべきことは，**『運転資本』**と**『固定資産』の圧縮**です。投下資本回転率を上げるためには，『運転資本』と『固定資産』を減らすことが必要だからです。もちろん，第５章の計画策定時にはなしたように，『成長』と『創造』への投資を一律に減らせばいいということではなく，バランスをとりながら，全体を減らすための行動を行う必要があります。

減らすといっても，そう簡単に減るものではないことも事実です。しかし，逆に，意識しておかないと，投下資本は自然に増加していくことが多いので，意識するだけでも意味があり，重要なことなのです。事業部・部門の責任者は，まず，投下資本に対して問題意識を持ちましょう。売上債権の早期回収，在庫管理などは，通常業務として取り組んでいると思いますが，投下資本のマネジメントの観点からも，事業部・部門内の基準を設けて，『お金』が滞留しない管理を徹底する姿勢が重要です。

2 評価の基本は比較すること

（1） 現場の活動をなるべく早く数字で把握する

　将来の結果を変えたければ，『現場の活動』を変えるしか方法はありません。過去の投資は，すべて埋没費用です。次の行動を起こすには，早く評価したほうが，埋没費用は減ります。

　そこで，評価する頻度は，年1回ではなく，毎月評価します。月次で決算を行い，さらに，月次決算の締めも**翌月の早い時期**に完了させることが重要です。早く締めて早く評価する，という認識を持ちましょう。

　早く締めて，具体的にどうやって評価するのかということですが，分析・評価の基本は『**比較**』することです。そして比較するときには，『同じ条件』で比較することが重要です。逆に同じ条件であれば，正確かどうかにこだわらなくてもよい部分もあります。何を比較するのかというと，次の3つです。

> ① **計画と実績**
> ② **前月と当月**
> ③ **前年同月と当月**

　数字は，絶対的金額を一生懸命眺めるよりも，何か比較対象を並べて眺め，差分という情報を付加することで，思考力は断然上がります。

［図表6－11］　比較の3パターン

①計画と実績

計画時の前提条件と実績の差分を分析する

科目	実績 5月	計画 5月	増減
売上	×××	×××	×××
変動費	×××	×××	×××
限界利益	×××	×××	×××
管理可能固定費（成長）	×××	×××	×××
管理可能固定費（創造）	×××	×××	×××
管理可能利益	×××	×××	×××
管理不能費	×××	×××	×××
営業利益	×××	×××	×××

科目	実績 5月	計画 5月	増減
売上債権	×××	×××	×××
棚卸資産	×××	×××	×××
仕入債務	×××	×××	×××
運転資本（成長）	×××	×××	×××
運転資本（創造）	×××	×××	×××
固定資産（成長）	×××	×××	×××
固定資産（創造）	×××	×××	×××
管理可能投下資本	×××	×××	×××
管理不能固定資産	×××	×××	×××
投下資本	×××	×××	×××

②前月と当月

前月と今月の行動の変化を分析する

科目	×5年 5月	×5年 4月	増減
売上	×××	×××	×××
変動費	×××	×××	×××
限界利益	×××	×××	×××
管理可能固定費（成長）	×××	×××	×××
管理可能固定費（創造）	×××	×××	×××
管理可能利益	×××	×××	×××
管理不能費	×××	×××	×××
営業利益	×××	×××	×××

科目	×5年 5月	×5年 4月	増減
売上債権	×××	×××	×××
棚卸資産	×××	×××	×××
仕入債務	×××	×××	×××
運転資本（成長）	×××	×××	×××
運転資本（創造）	×××	×××	×××
固定資産（成長）	×××	×××	×××
固定資産（創造）	×××	×××	×××
管理可能投下資本	×××	×××	×××
管理不能固定資産	×××	×××	×××
投下資本	×××	×××	×××

③前年同月と当月

前年とどのような条件（外部・内部）が変わったのか分析する

科目	×5年 5月	×4年 5月	増減
売上	×××	×××	×××
変動費	×××	×××	×××
限界利益	×××	×××	×××
管理可能固定費（成長）	×××	×××	×××
管理可能固定費（創造）	×××	×××	×××
管理可能利益	×××	×××	×××
管理不能費	×××	×××	×××
営業利益	×××	×××	×××

科目	×5年 5月	×4年 5月	増減
売上債権	×××	×××	×××
棚卸資産	×××	×××	×××
仕入債務	×××	×××	×××
運転資本（成長）	×××	×××	×××
運転資本（創造）	×××	×××	×××
固定資産（成長）	×××	×××	×××
固定資産（創造）	×××	×××	×××
管理可能投下資本	×××	×××	×××
管理不能固定資産	×××	×××	×××
投下資本	×××	×××	×××

（2）　計画と実績を比較する

　計画と実績を比較するとき，最初に行うことは，計画を基準値とした場合の『計画とのギャップ』の確認です。計画値を上回っていても下回っていても，差額が発生します。何らかの理由により発生した部分です。この差分を手掛かりに，以下のことを確認します。P/Lについては，行うべきことが3つあります。

　第1に，『差分が発生した理由』の確認です。理由はさまざまあります。当初計画したときの想定と，何が違っていたのかを確認します。

　第2に，費用の内容を，『成長に貢献する費用』と『創造に貢献する費用』に分けて確認します。『成長に貢献する費用』を投資したということは，分析月までの『当期の回収』という結果が出ているはずです。科目間の比較ではなく，投資と回収の効果，バランスが妥当かを確認します。

　第3に，『創造に貢献する費用』の進捗を確認します。当初計画したとおりに進んでいるのか，遅れているのか，あるいは計画を変更する必要があるのかなどを確認します。

　次に，B/Sについては，運転資本と固定資産が，計画の範囲内に収まっているか，予定どおりの変化が表れているかを確認します。特に，何度もいいますが，運転資本は漠然と対応していると，増えていく傾向があります。目標としている条件どおりに行動できたかを確認します。

　このように，漠然と考えるのではなく，数字の先にある活動を想像しながら，投資と回収の進捗状況を評価します。

　どういう行動を想定して計画を立て，実際の行動はどうだったのかを振り返るときに，『差分』という材料を使うだけです。そして，分析する目的は，把握した課題をもとに『今日からすべき行動』を変えるためです。当初の行動計

画のどこに問題があったのかを確認し，今後の行動の修正の必要性を点検し，そしてただちに実行に移します。

[図表6−12]　P/Lの予算実績差異分析

（単位：千円）

科目		予算	実績	差額
売上	商品売上	100,000	90,000	▲10,000
	サービス売上	30,000	31,000	1,000
売上合計		130,000	121,000	▲9,000
変動費	当期仕入高	20,000	18,500	1,500
	販売手数料	3,000	2,700	300
	外部委託費	2,500	2,400	100
	荷造運賃	1,000	990	10
変動費合計		26,500	24,590	1,910
限界利益		103,500	96,410	▲7,090
管理可能固定費	福利厚生費	3,000	4,000	▲1,000
	教育研修費	2,000	1,300	700
	旅費交通費	2,500	3,700	▲1,200
	広告宣伝費	25,000	21,000	4,000
	接待交際費	1,800	2,000	▲200
	通信費	3,300	4,000	▲700
	消耗品費	5,000	4,100	900
	支払手数料	8,500	8,000	500
	地代家賃	3,000	3,000	−
	リース料	800	800	−
	貸倒損失	−	300	▲300
管理可能固定費合計		54,900	52,200	2,700
管理可能利益		48,600	44,210	▲4,390
管理不能固定費	給料手当	20,000	20,500	▲500
	賞与	1,000	1,100	▲100
	法定福利費	1,500	1,490	10
	減価償却費	8,000	8,000	−
	租税公課	500	400	100
	長期前払費用償却	800	800	−
管理不能固定費		31,800	32,290	▲490
本社費		10,000	11,000	▲1,000
営業利益		6,800	920	▲5,880

差額が発生した理由
・時期のずれ（翌月になる）
・失注
・予定外の工数が発生
・別の協力パートナーが見つかった
・トラブル発生
　　　　　　　　　　　etc

投資と回収のバランス
・当期の回収に貢献する費用と売上のバランスは妥当か
・当期の回収に貢献する費用は継続しても問題ないか
　　　　　　　　　　　etc

将来の回収に貢献する費用の進捗
・実効性は出ているか
・状況の変化で新たに対応すべきことはないか
・将来の回収に貢献する費用は継続しても問題ないか

　とっかかりとして**議論するのは数字ですが，しなければいけないことは行動**です。社内で最も時間をかけてはなし合うことは，『**誰が**』，『**いつ（いつまでに）**』，『**何をする**』かを決めること，過去に決めたことができているか，なぜできていないのか，できるようにするにはどうするか，という行動の内容です。

数字だけはなし合うのは逃げの姿勢であり，意味がありません。数字は何も将来を変えてくれません。行動が将来の数字を変えるのです。数字は，気づきを与えてくれ，危機感を持たせてくれる，強力な促進剤になりますが，人が動かなければ何も始まりません。ですから，『差額を材料にして，何をするのか，はなし合う会議をしましょう』というのが正しい姿です。

　また，当月までの実績が出たら，差額の把握だけでなく，**『期末の着地見込み』**を把握することも重要です。大げさな作業を行う必要はありません。予算は，通常，月別に年間の計画を立てるはずです。当月までの実績が出たら，月次ベースの年間予算計画書の中で，実績値だけ書き換えればいいだけです。

[図表6－13]　着地見込み

	科目	1月	2月	3月	4月	5月	6月	7月	8月	9月	10月	11月	12月	着地見込
		実績値						予算	予算	予算	予算	予算	予算	
売上	商品売上													
	サービス売上													
売上合計														
変動費	当期仕入高													
	販売手数料													
	外部委託費													
	荷造運賃													
変動費合計														
限界利益														
管理可能固定費	福利厚生費													
	教育研修費													
	旅費交通費													
	広告宣伝費													
	接待交際費													
	通信費													
	消耗品費													
	支払手数料													
	地代家賃													
	リース料													
	貸倒損失													
管理可能固定費合計														
管理可能利益														
管理不能固定費	給料手当													
	賞与													
	法定福利費													
	減価償却費													
	租税公課													
	長期前払費用償却													
管理不能固定費														
本社費														
営業利益														

（表中）実績値　　予算（計画）

この着地見込みの把握により何がわかるのかというと，当初の年間計画との
ズレがわかります。年間計画の目標を達成したい場合，着地見込みが年間計画
よりも下回っている場合，残りの月で挽回しなければいけません。したがって，
この挽回をするために，『誰が』，『いつ（いつまでに）』，『何をする』か，はな
し合う対象になります。

[図表6−14]　着地見込みと年間予算とのギャップの解消策を考える

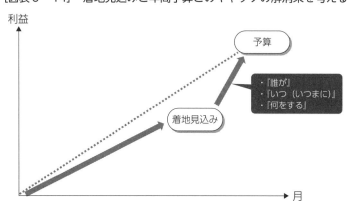

（3）　数字の推移から変化を読み取る

　実績同士の比較としては，『前年同月と当月』，『前月と当月』があります。『前
年同月と当月』の比較は，同じ月という条件における差額を比較するものです。
季節的要因は同じですから，その他の条件の変更点を考慮しながら，差分の意
味を確認します。1年前という遠い比較のため，明日への対応策というよりも，
昨年と比べて，数字的に改善しているかを確認するか，立ち位置を冷静に知る
という感じです。
　そして，『前月と当月』は，2か月間の比較よりも，各月の推移を並べて分
析したほうが，多くの情報が得られます。月別に並べた表のことを『月次推移

表』といいます。月別の変化を見るのは，特にP/Lにおいて有益です（もちろん『運転資本』，『固定資産』も月次の推移を追うことは大事ですが）。そして，月次推移表を使った分析では，**『変化』** を見ます。変化で何を把握したいかというと，計画と実績の比較と同じように，**『変化の理由』** の確認です。月別に並べることによって，トレンドを把握することができます。

[図表6−15]　月次推移表

（単位：千円）

科目		1月	2月	3月	4月	5月	6月	7月	8月	8か月累計
売上	商品売上	100,000	110,000	105,000	98,000	97,000	↘85,000	99,000	↗101,000	795,000
	サービス売上	30,000	32,000	35,000	33,000	33,000	31,000	30,000	↘20,000	244,000
売上合計		130,000	142,000	140,000	131,000	130,000	116,000	129,000	121,000	1,039,000
変動費	当期仕入高	20,000	22,000	21,000	19,000	19,500	17,000	18,800	20,100	157,400
	販売手数料	3,000	3,200	3,200	3,000	3,000	2,600	2,900	2,700	23,600
	外部委託費	2,500	2,600	2,900	2,700	2,700	2,500	2,500	1,600	20,000
	荷造運賃	1,000	1,100	1,050	980	970	850	990	1,010	7,950
変動費合計		26,500	28,900	28,150	25,680	26,170	22,950	25,190	25,410	208,950
限界利益		103,500	113,100	111,850	105,320	103,830	93,050	103,810	95,590	830,050
管理可能固定費	福利厚生費	2,800	2,900	3,000	↗4,000	2,800	3,100	3,150	2,800	24,550
	教育研修費	1,800	1,500	1,600	↗2,000	2,200	2,300	2,250	2,100	15,750
	旅費交通費	2,000	2,300	2,600	3,500	2,200	2,350	2,150	2,400	19,500
	広告宣伝費	25,000	25,000	↗35,000	25,000	25,000	25,000	25,000	↘20,000	205,000
	接待交際費	1,800	2,000	1,000	1,600	1,700	2,000	↗10,000	1,500	21,600
	通信費	3,300	3,200	3,400	3,600	3,400	3,200	3,100	↗4,200	27,400
	消耗品費	5,000	5,500	7,000	6,200	4,800	3,500	↗16,000	8,500	56,500
	支払手数料	6,000	6,500	6,700	↗10,500	6,300	6,250	6,150	6,450	54,850
	地代家賃	3,000	3,000	3,000	3,000	3,000	3,000	↗5,000	5,000	28,000
	リース料	800	800	800	800	800	800	↘600	600	6,000
	貸倒損失	–	–	↗500	–	–	–	–	–	500
管理可能固定費合計		51,500	52,700	64,600	60,200	52,200	51,500	73,400	53,550	459,650
管理可能利益		52,000	60,400	47,250	45,120	51,630	41,550	30,410	42,040	370,400
管理不能固定費	給料手当	20,000	21,000	20,900	↗23,000	25,000	25,100	25,050	25,200	185,250
	賞与	–	–	–	–	–	–	–	↗50,000	50,000
	法定福利費	1,500	1,050	1,045	1,150	1,250	1,255	1,253	3,760	12,263
	減価償却費	8,000	8,000	8,000	8,000	8,000	8,000	8,000	8,000	65,000
	租税公課	500	300	150	180	200	↗1,000	120	160	2,610
	長期前払費用償却	800	800	800	800	800	800	800	800	6,400
管理不能固定費		30,800	31,150	30,895	33,130	35,250	36,155	35,223	88,920	321,523
本社費		10,000	10,000	10,000	10,000	10,000	10,000	10,000	10,000	10,000
営業利益		11,200	19,250	6,355	1,990	6,380	▲4,605	▲14,813	▲56,880	38,878

現場の状況が月で大きく変わることはないから，そんなに変化はないだろうと思われるかもしれませんが，案外わかっているようで，わかっていないこともあります。『**変化**』を捉えるには，少しコツがあります。単に数字の増減が大きいところを探せばよいということではありません。まず，数字を見る前に，現場の活動をもとに，前提条件を頭に入れておきます。一定の仮説を立てておくということです。次の3点の仮説を立てます。

> ① この科目は増加するはず
> ② この科目は減少するはず
> ③ この科目は変化がないはず

　対象月について，その他の月と比べて特別な動きがあったかどうかは，現場の人にはわかります。例えば，明らかに費用が増加しておかしくない出来事があったのであれば，前月よりも該当する科目の金額は増加しているはずです。減少も同じように，何かを使わなかった，何かの契約が終わったなどの出来事があれば，当然減少します。一方，前月と比べて何も条件が変わってない科目については，変化しないはずです。このように，対象月の活動を振り返り，数字への影響を事前にシミュレーションしたうえで，実績値を見て，答え合わせをするという流れです。
　想定した部分が想定どおり変化していれば，問題ありません。しかし，想定していたが，予想よりも変化の金額が大きかった（小さかった），想定していない部分に大きな変化があったなど，期待していた数字になっていない場合は，差異の原因を確認します。そして，差異原因の内容から，何か対応すべきことがあれば，対応策をはなし合い，行動します。

［図表6－16］ 仮説と検証と実行

事前の仮説設定				検証	次の行動
内容	**ボリューム**	**想定する変化**	**想定金額**	**想定外の原因確認**	**決めて実行すること**
どのような活動をしたのか		金額が増加する科目		なぜ増加した	誰が
特別に発生した出来事		金額が減少する科目		なぜ減少した	いつ（いつまでに）
変化があった出来事		金額に変化がない科目		なぜ変わらない	何をする
感触がよかった出来事		こうなってほしいと期待する科目		なぜ期待した数字になっていない	

　仮説を持つということは非常に重要です。仮説を持たないと，変化に対して鈍感になります。また，常に仮説を立てることは，活動から数字を事前に推測することの経験を積み重ねることとなり，見積りの精度が上がるという副次的効果も期待できます。これはぜひ手にいれていただきたいリテラシーです。

　一方で，ROICなどの指標の変化の確認間隔は，毎月である必要はありません。構造の変化が順調かどうかを見たいので，四半期，半年，年1回程度，ある程度間隔を空けたほうがいいともいえます。

3 人の評価

(1) 公式の評価

　今度は，『人（個人）の評価』のはなしです。ここでは，実績を，個人の評価に使えるのかということについて考えてみたいと思います。

　人（個人）の評価については，会社としては，2種類の評価を考慮する必要があります。第1に，『**公式の評価**』，第2に，『**非公式な評価**』です。公式か非公式かの違いは，会社として，目的を意図して導入した制度が公式であり，それ以外が非公式になります。

　まず，『公式の評価』からはなしを始めます。実績を個人の昇給，賞与などの報酬，昇進，昇格などの人事等級のための成果指標の1つとして活用できるのかという点については，『**間接的に会計データを活用するのは効果的**』ですが，『**直接的に会計データを評価に活用するのはかなりハードルが高い**』といえます。

[図表6－17]　間接的な活用と直接活用

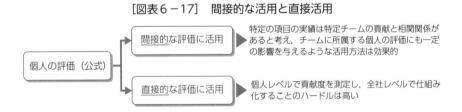

　会計データは，客観性あるデータとして評価に活用できると考える気持ちは理解できます。人事評価をなるべく公平に評価するためには，定量評価として期待したくなります。先ほど，事業部・部門の責任者の評価においても，管理

可能利益を把握することだけでも簡単ではないというはなしをしました。個人の評価ということになると，『**個人レベルで業績への貢献度を測定する**』必要があります。これがいかに簡単ではないか想像がつくでしょう。

組織は，分業化するからこそ，効率的で生産性が上がるともいえます。年々，資産や施設も，単独で使用するというよりも，共有化して使用する領域が増えています。会計上の分類でいえば，直接費と比べて間接費（共通費）の割合が圧倒的に増えています。

さらに日本の多くの会社では，職務の内容と役割を詳しく記述した文書（job description）を定め，業務の目的，責任，内容と範囲などを明確にするということをしていません。そのため，業績を個人の活動と紐づけることが難しい側面があります。

また，機能別組織を採用している会社などは，部門間で業務内容が完全に異なるため，同じモノサシで評価することは，かなり大変です。営業部の3年目の社員のA評価と，経理部の3年目の社員のA評価では，それぞれ業務内容の難易度が同じである必要があります。このように，『**個人別に活動を金額で表現できる**』かというと，かなり難しいことがわかります。

[図表6-18]　個人別に実績を帰属させる作業は簡単ではない

	科目	C事業部合計	社員a	社員b	社員c	社員d	社員e	社員f	社員g
下	売上	×××	×××	×××	×××	×××	×××	×××	×××
	変動費	×××	×××	×××	×××	×××	×××	×××	×××
	限界利益	×××	×××	×××	×××	×××	×××	×××	×××
	固定費 （当期の回収に貢献）	×××	×××	×××	×××	×××	×××	×××	×××
	固定費 （将来の回収に貢献）	×××	×××	×××	×××	×××	×××	×××	×××
	営業利益	×××	×××	×××	×××	×××	×××	×××	×××

個人別に科目を帰属させることは難しい。
実績の按分は相対的であり，按分対象の人数の増減にも影響を受ける。

ただし，個人別に絶対評価することが，不可能であるというわけではありません。人事制度の再整備，システム投資，組織の再編成など，全社レベルでの環境をお膳立てすれば，評価システムを構築できるかもしれません。ここで伝えたかったことは，決算書の形を応用させれば，すぐに個人別評価のためのデータを提供できるわけではないということです。

　一方で，発想を変えて，間接的に活用できないかと考えると，かなり使えます。もともと，事業部・部門の実績評価は，スタッフに会社として期待する方向に動いてもらうことが狙いです。したがって，人事評価制度の目的と，基本的にはベクトルは一致しています。個人別に貢献度の実績を集計することは難しいですが，ある程度のグルーピングした実績（例えば，事業部・部門別のP/L）であれば集計は可能です。その会社にとって，集計可能な最小のチーム単位で実績を把握し，そのチームとしての評価を，チーム内のスタッフに活用することができます。そのチームの業績に対して，各スタッフがどのように関わったのか，**別の指標を使えば，関連づけることが可能となる**場合があります。つまり，チームの業績とスタッフの間に別の指標を介在させて関連づけるのです。

[図表6-19]　会計データに関連する行動を評価する

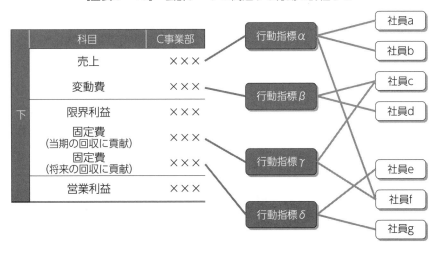

目標管理制度を採用している会社であれば，個人目標を設定するとき，通常は組織目標とリンクさせますが，この組織目標の中で，チームの計画数値の科目ごとに期待する行動指標を定義しておくことにより，組織の業績につながる行動目標を設定することができます。

　また，職位が上位の社員には，利益責任に関する評価ウェイトを高くするという方法もあります。事業部・部門の利益責任は事業部・部門の責任者にありますが，利益に係るマネジメントの行動指針を定義し，その行動指針を評価することで，部分的ではなく，利益を意識した行動を促します。

[図表6-20]　職位が上位の社員には利益の意識を持たせる

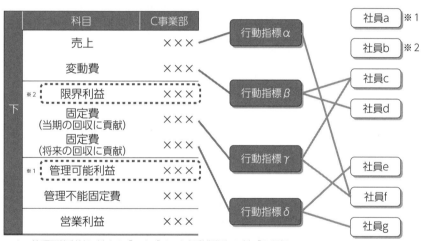

※1　管理可能利益に対する『マネジメント行動指標』に基づき評価
※2　限界利益に対する『マネジメント行動指標』に基づき評価

（2）　非公式な評価

　ここまでが，『公式の評価』のはなしです。これは，会社として，このような方法で評価しますよと宣言して作られるルールです。スタッフに対しては，

そのルールに集中して行動してほしいと期待します。ところが，**スタッフとし**
ては，『公式の評価』ルールだけでなく，**意識的，無意識的にかかわらず，別**
のところでも評価基準を作ってしまいます。それが『非公式な評価』です。

　つまり，会社が意図していないにもかかわらず，スタッフの心の中には，ほ
かにも評価が存在します。いわば自主的な評価基準の設定です。長年仕事の経
験を通じて実感していることが2つあります。『**人は最適化行動をとる**』とい
うこと，そして，『**情報が動くときには評価がついて回る**』ということです。
前者は，俯瞰的，長期的に考えた場合，合理的とは判断できないことでも，短
期的に考えた場合，最も効用が高い（と当人は思う）行動をとってしまうとい
うことです。ほかの人から見たら疑問を持つ行動でも，本人からすると（短期
的には）合理的な行動です。この『**最適化行動**』は，マネジメントにおいては，
かなり意識しておいたほうがよいことだと思っています。

　この最適化行動とルールの関係ですが，ルールが存在すれば，**最短の方法**で
その基準をクリアしようとすることがあります。超えるべき基準だけクリアす
ればいいと考え，超える必要がないところは省こうとすることがあります。

　先ほどの，図表6－19の例で考えてみましょう。社員fさんにとっての評価
指標は，「行動指標 α」と「行動指標 γ」です。「行動指標 β」と「行動指標 δ」
は評価指標には入っていませんが，組織内では，「行動指標 β」と「行動指標 δ」
にも関係する業務にも関与しているとします。本来であれば，どの活動も全力
で取り組んでほしいというのが会社の考えですが，社員fさんとしては，評価
されるのは「行動指標 α」と「行動指標 γ」だけですから，『**"行動指標 α"と"行**
動指標 γ"だけ頑張れば評価される』と考える可能性があります。これが自主
的な評価基準の設定であり，fさんにとっては，合理的な行動なのです。

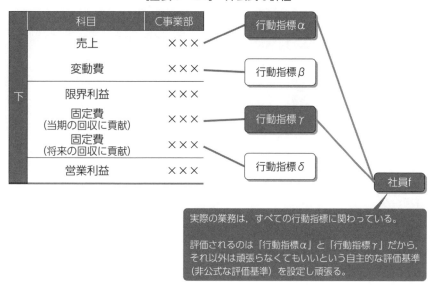

[図表6-21] 非公式な評価

科目	C事業部
売上	×××
変動費	×××
限界利益	×××
固定費 (当期の回収に貢献)	×××
固定費 (将来の回収に貢献)	×××
営業利益	×××

行動指標α

行動指標β

行動指標γ

行動指標δ

社員f

実際の業務は，すべての行動指標に関わっている。

評価されるのは「行動指標α」と「行動指標γ」だから，それ以外は頑張らなくてもいいという自主的な評価基準（非公式な評価基準）を設定し頑張る。

　ある会社で，営業マンの給与が成果報酬型になっており，『月間の成績が一定の目標額を超える』と業績給が上乗せされる仕組みがありました。ある優秀な営業マンは，『**毎月**』一定の目標を超えられるように，契約件数，契約のタイミングを調整していました。会社の意図とは違う行動であることは明らかです。

　また，『**情報が動くときには評価がついて回る**』という点ですが，外部あるいは自分よりも上位のポジションの人が知りたい情報には敏感に反応します。上司は何らかの判断をするために情報が必要なのですが，スタッフは，上司たちの視線を気にしすぎているためか，情報の利用目的について，勝手にあれこれ考えてしまいます。上司が情報を伝えるときも同じで，情報を受け取った人は，上司が公式に伝えたい目的とは別に，自らその情報について何らかの解釈を行い，意図しない部分に過剰に反応してしまう場合もあります。

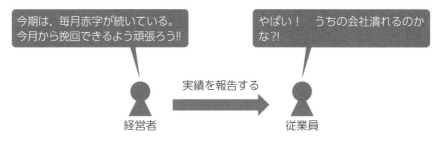

[図表 6 - 22]　情報が動くところには評価が勝手に生まれる

今期は，毎月赤字が続いている。今月から挽回できるよう頑張ろう!!

やばい！　うちの会社潰れるのかな?!

経営者　　実績を報告する　　従業員

　中小企業において，月次決算の数字を従業員に公開することに躊躇する経営者が，時々いらっしゃいます。役員報酬を従業員に知られたくないという理由が1つあるのですが，これは，逆に経営者が『**情報が動くときには評価がついて回る**』を無意識に理解しているからだと思っています。

　そして，ここでもう1つ，人の特性に関するはなしをしておきたいのですが，『**人は見たいものしか見えない**』という確証バイアスがあります。

[図表 6 - 23]　人は見たいものしか見えない

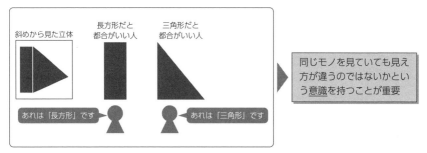

斜めから見た立体

長方形だと都合がいい人

三角形だと都合がいい人

あれは「長方形」です

あれは「三角形」です

同じモノを見ていても見え方が違うのではないかという意識を持つことが重要

　このように，**自分の想像できる範囲内で，外部あるいは上司の意図を再構築してしまう**ことがあります。その意図の理解が正しいかどうかはわかりません。外部あるいは上司は，その情報をもってその人を評価するつもりはなかったとしても，その人にとっては，外部あるいは上司が注目している情報なのだと過

剰に意識し，自分の頭の中で再構築した意図を汲み取って，行動を変化させる場合があるのです。これも非公式な評価の１つです。このように，情報の提供の仕方には，相当気をつける必要があります。

　予算制度や月次決算なども，測定するものですから，人によっては，非公式な評価基準を設定し，その基準をクリアするための最適化行動をとることがあるかもしれません。

　会計の数字を業務運営に用いる場合，この『非公式な評価』は常につきまとう問題です。そして排除することは，おそらくできません。敏感に反応するということは，よい方向に作用する場合もあれば，会社が意図しない悪い方向に作用する場合もあります。であれば，この『非公式な評価』をうまくマネジメントに利用できないかと考えるほうが得策です。

　数字を使った社内の管理制度の構築，運営は，実は，人事制度とは別のもう１つの評価基準を作るようなものです。本社費の配賦，管理不能費，管理不能固定資産，業績を直接的に人事評価に用いるかどうか，などのはなしは，『悪い方向への作用』を意識しています。一方，月次決算を行う意義は，**『意図的に数字を意識させる効果』**として『よい方向への作用』を狙った施策といえます。ただ言葉で頑張れと励ますよりも，前月の数字を共有したほうが，響き方が違います。そして，年１回より，毎月１回，年に12回分数字を共有し，数字を材料にはなし合ったほうが，経験値が増すスピードは上がります。現状の認識と，今後の対応についてコミュニケーションする回数が増えますので，認識誤りがあった場合でも，是正する機会は増えます。確証バイアスが取っ払えるかもしれません。数字を早く現場に見せることの効果を意識し，よい方向にスタッフが動くように使いましょう。

Column 事業部門のB/S

　事業部門のB/Sは，ある程度，思い切って，割り切ってやるというトップダウンの強い意思があれば作成できます。

　資産は，費用の部門別の帰属と同じパターンですが，まず，事業部門に個別に帰属する資産を集計します。次に，共通して使用している資産は，使用人数，使用面積など，配賦する基準を策定し，その基準に基づいて各事業部に配賦します。

　負債は，仕入債務など，事業部で直接把握，管理している負債を集計します。

　ここまで作業すると，『Ⅰ資産』と『Ⅱ負債』ができ上がります。では，『Ⅲ純資産』に相当する差額部分はどうすればいいでしょうか。ここは，本社を別組織とみなし，本社から資金調達していると考えます。本社借入金でも本社資本金でも構いません。社内で決めればよいルールです。

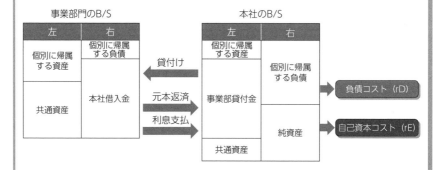

　事業部門B/Sを作成し，運用するメリットは，事業部B/S，事業部P/Lで事業部を運営することで，疑似的な1法人としての経営管理ができることです。本社としても，本社B/S，本社P/Lで管理することで，ROICなどの投資の効率性を意識しながら運営することができます。

第 7 章

未来の決算書をデザインする

1 現場のビジネスパーソンが獲得したいリテラシー

（1） 自分の行動がB/S，P/Lのどこに反応するのか意識する

　いよいよ最後の章になりました。本章では，前章までの説明を踏まえて，会社の中の立場の違いによる，決算書との向き合い方を補足したいと思います。

　まずは，現場部門（本社部門ではないという意味です）のビジネスパーソンは，どのような意識を持ち，どのようなスキルを身につけたいか，というところからはなしを始めていきましょう。

　何度も登場しますが，『**決算書は，具体的な活動を集計した結果**』です。

[図表7-1]　具体的な活動を集計した結果が決算書

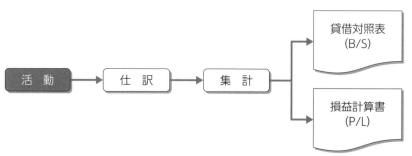

　仕訳方法や集計方法についての知識や技術を，わざわざ得る必要はありません。『お金』を伴う活動は必ずB/S，P/Lに反映されます。活動するとB/S，P/Lのどこかが動きますので，どこが動くのかを常に意識するようになることが，最初の課題です。

次に，会社としては，**『長期的に稼ぎ続けられる』**組織になることを目指しています。『回収＞投資』という式が成り立たなければなりません。皆さんの立場としては，『回収』または『投資』にどのように貢献しているか，どのようにすべきかを考えなければいけません。少なくとも，『Ⅰ資産』，『Ⅳ費用』，『Ⅴ収益』に対して，自分の活動がどう貢献しているのかを意識するようにしましょう。P/Lは直感的には理解しやすい領域ですが，B/Sの『Ⅰ資産』を圧縮する意識というのが非常に重要です。資金が効率的に回るためには，会社の中での『お金』の滞留期間を短くしなければなりません。固定資産の取得の意思決定はできないかもしれませんが，運転資本の圧縮については大いに貢献できます。逆に，現場が売上債権の回収を早める，在庫を極力抑えるという意識で活動をしないと，運転資本の圧縮は実現しません。よい形の決算書とは，ROICという指標が重要視されているように，投資効率を上げながら稼ぐということです。

[図表7－2]　投資と回収を常に意識し投資効率を上げる

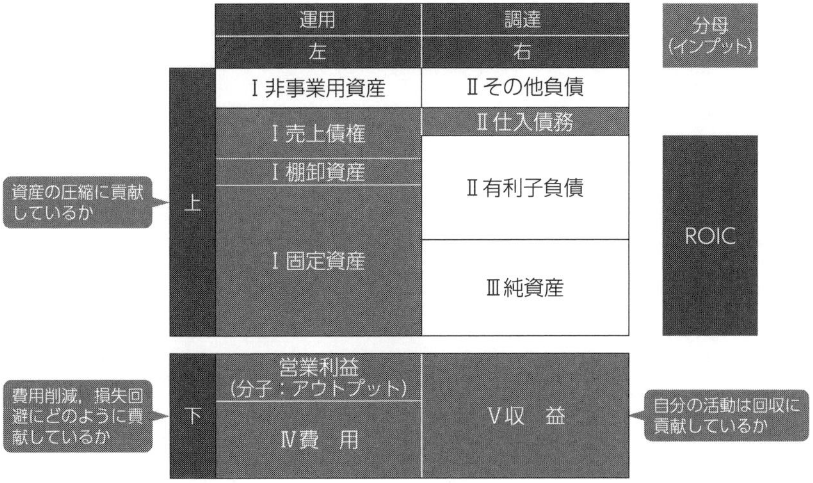

	運用	調達	分母 (インプット)
	左	右	
上 資産の圧縮に貢献しているか	Ⅰ非事業用資産	Ⅱその他負債	**ROIC**
	Ⅰ売上債権	Ⅱ仕入債務	
	Ⅰ棚卸資産	Ⅱ有利子負債	
	Ⅰ固定資産	Ⅲ純資産	
下 費用削減，損失回避にどのように貢献しているか	営業利益 (分子：アウトプット) Ⅳ費用	Ⅴ収益	自分の活動は回収に貢献しているか

　投資効率を上げる活動を行っているか，日常の業務の中で，そのような**判断基準**で動くことができるようになることが大事です。

そして，B/S，P/Lを意識できるようになってきたら，これから行う活動に対して，数字で考えられる，数字で説明できるようになることを目指しましょう。数字で説明できるというのは，**『決算書へのインパクト』**として説明できるという意味です。『決算書』は，共通言語として，一定のルールのもとに作成される書類です。言語を1つマスターするという感覚を持ちましょう。

（2）　プロジェクトの責任者になったとき

　プロジェクトあるいは小さなチームの責任者になるとき，収入・支出で仮説を立てられるようになりましょう。プロジェクトになると，この仮説は1年を超える期間で立てることが増えます。投資と回収の期間が長期になるため，冷静に，必要な情報だけを集め，複数の選択肢から合理的に判断するという姿勢を身につけましょう。

[図表7－3]　生み出されるお金の最大化を考える

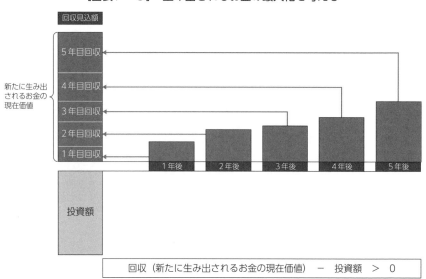

そして，プロジェクトの活動についても，必ずB/S，P/Lに反映されます。決算書は，単年度で作成する書類です。一方，プロジェクトの計画は，収支ベースでプロジェクト期間全体で考えますが，決算書には，複数年度で反映されていく形になります。そこで，B/S，P/Lに投資計画がどのように反映されていくのか，つまり『決算書へのインパクト』を理解し，かつ，説明できるようになることを目指しましょう。長期的に見ると，生み出される『お金』が最大化される計画案でも，短期的に見ると，直近の決算書の数字に悪い影響を与える場合がよくあります。そのとき，ただ，そのプロジェクトのよさを一生懸命アピールするのではなく，未来の決算書の形を見据えて，将来，決算数値はこのようになるから，このプランが最も優れているという説明ができるようになることが望ましいです。

　また，責任者になるということは，自分以外のスタッフも，プロジェクトに関わるということです。プロジェクトは成功するために始めるものです。責任者は，プロジェクトメンバーにそれぞれの役割を果たしてもらうようマネジメントすることになります。マネジメントの中で1つのテーマになるのが，目標

[図表7-4]　外部は決算書への影響を気にしている

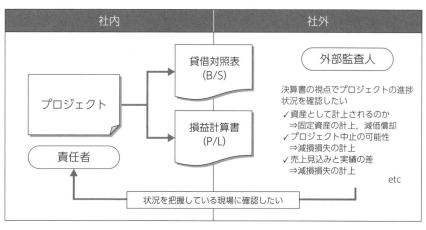

数値を管理するということです。会社に対しては，進捗状況を決算書ベースで報告します。本社あるいは外部監査人からプロジェクトの今後の見込みについて説明を求められ，対応することもあります。このとき，本社や外部監査人が知りたいのは，プロジェクトの今後の見込みが，決算書に大きな影響を与えるのかということです。例えば，ソフトウェア開発について，会計上の資産となる時期はいつか，あるいは開発中止による減損損失の計上の可能性，収益獲得の実現可能性をどのように見積もっているのか，などです。プロジェクトが当初の計画どおりであれば，B/S，P/Lに反映される想定と実績は一致するのですが，当初計画と違う可能性がある場合，本社としては，その影響額を見積もる必要があります。実際の状況は，現場に確認しなければわかりません。現場の責任者は，日々の活動がB/S，P/Lにどのように反映されているか，日常的に意識していれば，本社や外部監査人が何を確認したいのか，何を心配しているのか理解でき，適切な応答ができます。

[図表7−5]　資産の評価を下げる場合

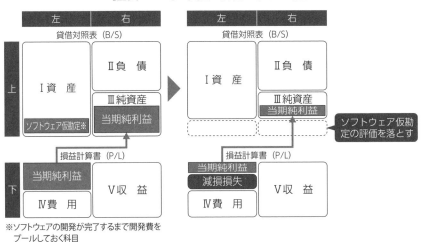

※ソフトウェアの開発が完了するまで開発費を
　プールしておく科目

　一方，プロジェクトメンバーに効率的・効果的に行動してもらうためにも，数字の管理が必要です。計画を立てるだけでなく，最終的に目標を達成するよ

うに，プロジェクトメンバーと，数字の実現を目指す必要があるからです。どのようにすれば，プロジェクトメンバーに，回収と投資の数字にこだわって，行動を変えてもらえるかが重要です。数字にこだわるためには，プロジェクトメンバーに，最も関係のある内容として，かみ砕いて伝えるという，『伝える』スキルを身につける必要があります。

［図表7－6］ プロジェクトの目標達成のためのマネジメント

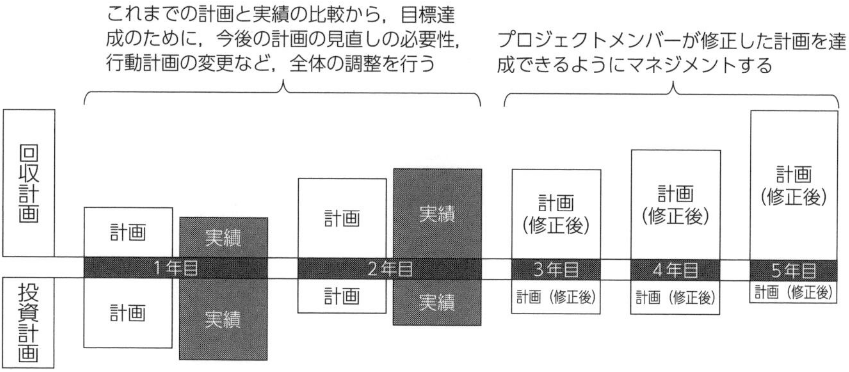

これまでの計画と実績の比較から，目標達成のために，今後の計画の見直しの必要性，行動計画の変更など，全体の調整を行う
プロジェクトメンバーが修正した計画を達成できるようにマネジメントする
回収計画
投資計画
計画
実績
1年目
2年目
3年目
4年目
5年目
計画（修正後）

目標数値のマネジメントと目標達成のマネジメントは目的が違うので，使い方を分けなければなりません。

（3） 事業部・部門の責任者になったとき

事業部・部門を統括する立場であれば，ROICの視点をより意識して，スタッフの行動をマネジメントできるようになりましょう。すなわち，B/Sも含めた投資と回収の資金効率を考えるということです。特にB/Sは，しつこいようですが，意識をして管理しないと，膨れ上がります。これは事実です。事業部・部門の売上や利益の計画については非常に敏感です。利益をアップさせることは大変重要です。ただ，それだけでは足りないということを理解しましょう。

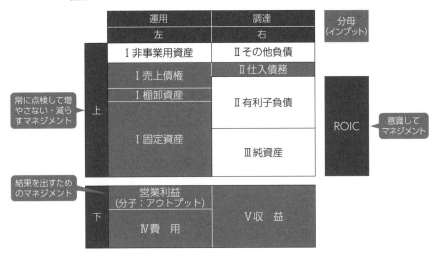

[図表7-7] P/LだけでなくB/Sの数字もマネジメントする

次に，長期的な視点で事業部・部門をマネジメントする必要があります。短期的な成果にこだわってしまうと，中長期的な成果を犠牲にしてしまいます。単年度という期間を超えて，数年間で成果を最大化させるためには，どう動くべきかを意識します。

　一方で，中長期的な成果しか気にせず，単年度の決算書は，無視してよいということではありません。事業部・部門も，外部利害関係者に対して，会社が果たすべき責任の一端を担っています。多くの外部利害関係者にとっては，決算書が会社との希少な接点です。経営者は，決算書をもとに，外部利害関係者に対して，会社の現状や将来を語らなければなりません。語るのは経営者ですが，その材料を提供するのは各現場です。事業部・部門の責任者であれば，外部利害関係者が何を気にしているのかは，理解しようとしてほしいと思います。

　そして，**現状の立ち位置，今後の見込み**を説明して，長期的に見れば問題ではないことを，どのように理解してもらうかを常に考え，経営陣と共有することです。つまり，短期的な成果，長期的な成果，どちらかに偏ったマネジメントではいけないということです。対外的なコミュニケーション能力が，会社の

成長には必須の条件となってきました。実際にコミュニケーションの場に出ない場合でも、コミュニケーションに必要な思考や、理解を得るための伝えるスキルなどは、事業部・部門の責任者の段階から身につけておきたいところです。

　最後に、第6章で力説したはなしですが、人の動機づけが重要です。数字を活用した動機づけは、非常に有効な手段です。ただし、**『数字の怖さ』**も知っておいてほしいと思います。数字は活動を要約したものであり、**『具体的』な行動から『抽象的』**になったものです。抽象化されたものは、視界に入る範囲内で見られるので、非常に便利です。しかし、逆の方向である、『抽象的』から『具体的』に再現することは、案外難しいのです。『抽象的』な言葉でスタッフに指示をしたときに、上司の意図をスタッフが正しく汲み取って、『意図した具体的』な行動を起こせば問題ありませんが、いつでも、誰に対しても通用するとは限りません。多くの場合、聞いた人が『解釈』して具体化するプロセスで、どこかでズレが発生します。

[図表７－８]　決算書は要約された数字である

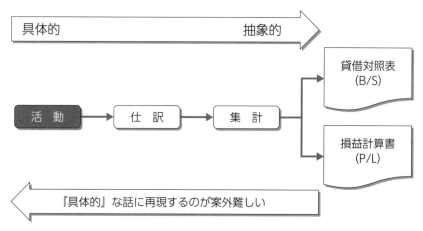

これは数字に関しても同じことがいえます。むしろ、『客観的なもの』であるという先入観が加わり、伝わるだろうと勘違いしてしまうことがあります。
　『人は最適化行動をとる』というはなしをしましたが、意識、無意識を問わず、

何らかの解釈が必要とされる場面では，その人にとっての最適解を導き出しているかもしれません。

　要約された抽象的な数字を現場に展開する場合，やはり，ある程度，具体的なレベルにブレイクダウンする必要があります。そうはいっても，1人ひとりに細かく具体的な指示をすることはできません。『引力が働きそうな地点』までブレイクダウンするというのが，現実的な解になりそうです。

[図表7－9]　引力が働く地点までブレイクダウンする

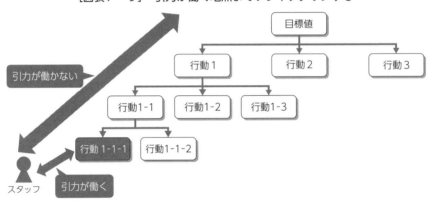

　引力が働く距離感は会社によって，人によって違います。その距離感を測る前提として，会得しておきたい大事なスキルがあります。それは，『自分の活動の経験だけでなく，誰の活動であっても，決算書にどのように反映されるか想像できるスキル』です。数字は，さまざまな具体的な活動の集合体です。この数字はどこからやってくるのか，想像力が働くようになってほしいということです。数字の向こう側の現場にある活動を常に考えていなければ，なかなかこのスキルは身につきません。**決算数値の向こう側には，すべて具体的な取引があります**。数字の向こう側の活動が想像できなければ，部下に対する指示が的確でなく，抽象的になってしまうということを忘れないでください。

[図表7−10]　活動と決算書の上下左右が頭の中で行き来できる

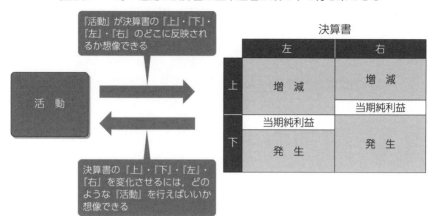

2 本社コーポレート部門

(1) 早く現場に情報を提供する

　第6章で，月次決算は，翌月の早い時期に完了させることが重要であるというはなしをしました。

[図表7-11]　早く締めて次の行動を起こす

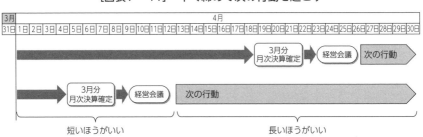

　月次決算は，あくまでも社内で活用するための資料です。年1回義務づけられている外部報告用の書類ではありません。したがって，確定計算を行う必要はありません。確定計算が義務ではないため，スピードを重視するなら，ある程度，概算計算でよい部分があってもいいはずです。月次決算は行っているが，締めが翌々月以降にならないと完了しないという会社は多くあります。何も指示がなければ，経理担当者としては，確定した数字で締めたいと考えます。

[図表7-12]　経理担当者から見た月次決算と本決算の関係

月次決算の処理方針	1月	2月	3月	4月	5月	6月	7月	8月	9月	10月	11月	12月	本決算
一部概算処理あり	概算あり	概算あり	概算あり	概算あり	概算あり	概算あり	概算あり	概算あり	概算あり	概算あり	概算あり	概算あり	確定計算に修正
確定処理させる	確定処理	確定処理	確定処理	確定処理	確定処理	確定処理	確定処理	確定処理	確定処理	確定処理	確定処理	確定処理	決算整理事項だけ処理

月次決算を，法人税等以外の数字は確定値で締めれば，本決算のときの作業はかなり軽減されます。一方，一部を概算計算によって月次決算を締める場合，本決算のとき，最終的には確定値に置き換える必要があります。正直，これも大変な作業です。そのため，特に経営者から指示が出ない場合は，『確定処理させる』一本で月次決算の業務を推進したいと考えてしまいます。仕訳は単に取引を記録すればいいというのではなく，法人税法や消費税法の帳簿要件などにも対応する必要があります。そのため，記録するなら，最初から正しく記録しておきたいという事情が経理担当者にはあります。一方で，経営者や現場の事業部門の利用者としてのニーズは，概算速報値でいいので早く前月の結果を見たいと思っています。これについては，どちらかの事情を犠牲にする必要はありません。

　例えば，社内の締切時期に間に合うように，確定数値による仕訳処理以外の計算や作業は帳簿外で行い（システムによっては，仕訳のカテゴリを分けることができるので，本決算に影響を与えないカテゴリで仕訳処理するという方法もあります），管理会計用の報告資料は完了させます。その後，残りの確定数値を仕訳処理するという流れを構築すれば，どちらの事情も汲み取れます（もちろん工数は増えますが）。

[図表7－13]　管理会計用と外部報告用の対応プロセス

月次決算の処理方針			1月	2月	3月	4月	5月	6月	7月	8月	9月	10月	11月	12月	本決算
用途	帳簿外での作業	帳簿上の処理（仕訳）													
管理会計用		確定できるものは確定させる													
	概算計算 配賦計算 内部取引														
	報告用フォームに組み替え														
	社内報告用確定														
外部報告用		概算計算部分を確定処理させる													決算整理事項だけ処理

現場のニーズに対応　　外部報告用，法令などに対応

図表7－13は，管理会計と外部報告の双方に対応するための解決策の1つ
の方法ですが，これ以外にも方法は考えられます。大事なことは，早期に月次
決算を締めるという流れを構築するには，経営者の強い意思とリーダーシップ
が必要になるということです。月次決算の早期化は，自然にできるようになる
と考えてはいけません。

（2） 全体最適のために事業部・部門を調整するのが本社部門 の役割

　全体最適のために，各事業部・部門が最大のパフォーマンスを発揮できるよ
うにするには，人の動機づけがプラスに働くような仕組みを構築する必要があ
るというはなしをしました。決算書は集約する（吸い上げる）ものなので，外
部報告用は，それを後から分解するということを，基本的には想定していませ
ん。したがって，管理会計のためには，あらかじめ**『分けてマネジメントする』**
という前提で，集約するようにしておかなければいけません（**図表7－14**）。

　また，NPVやROICのところでWACCのはなしをしましたが，WACCの情報
を持っているのは本社です。現場は，『成長』と『創造』を頑張ろうとしてい
ます。事業部・部門の業務内容，プロジェクトの内容によって，リスクは変わ
ります。リスクの評価，リスクに対する期待運用利回り水準の設定は，全社を
把握できる本社しか，調整できるところはありません。
　月次決算の早期化もそうですが，『長期的に稼ぎ続ける』組織になるために，
各部門がどのような作業をするかではなく，どのような役割を担うべきかを改
めて考えてみてほしいと思います。ROA，ROE，ROICの向上は，全スタッフ
が取り組まなければいけない課題です。決算書は，外部報告用の書類を作成す
るためのみにあるのではなく，その数字の中身を未来に向けてよくしていくた
めに，誰が何を頑張るべきかを議論するための道具として使いたいものです。

[図表7−14] 分ける前提で仕組みを構築する

資産・負債・収益・費用			部門	部門別B/S	部門別P/L
個別に発生	共通して発生	本社で発生			
個別に集計	納得感があるルールを策定し運用する	−	A事業部	B/S	P/L
個別に集計		−	B事業部	B/S	P/L
個別に集計		−	C事業部	B/S	P/L
個別に集計		納得感があるルールを策定し運用する	本社部門	B/S	P/L

活動 →

現場納得感が最も得られる方法

設計方法でモチベーションが変わる

最もパフォーマンスを発揮できるフォーマット

　そして，予算の策定についても，仕掛けづくりが重要です。事業計画は，抜本的な改革を伴う計画であり，**強い改革の意思を反映させた計画**を策定する必要があるので，基本的にはトップダウンで計画策定は進められるでしょう。そして当該計画は，**目標達成までのシナリオを重要なポイントを押さえて描ける**ことが大事な条件でした。グランドデザインという要素が大きいため，計画の中には，ある程度粒度が粗い部分があっても構いません。

　しかし，予算は，実績と比較検討する前提の数字計画であることを認識し，現場スタッフが行動を起こすときに，指針とすることができるレベルに落とされた数字計画になっていなければいけません。つまり，**数字を伴う行動計画（活動目標）**を準備する必要があります。

　また，人をマネジメントするための道具という観点からは，現場のスタッフたちが自分たちの行動計画なのだという自覚があるのとないのとでは，まったく影響力が違います。そのような意味で，ある程度，現場が予算策定に関わるプロセスも必要です。そこで，現場には，最終的に決算書の科目と紐づく行動計画（活動目標と数字）を策定してもらいます。ただし，経営者の強い意思が

反映された3～5年の計画（事業部の事業計画）のシナリオに沿った行動計画である必要があります。**基本的な方針，重要項目や重要目標をあらかじめ示し，**その枠内で行動計画を策定するというルールをはっきりさせておくことです。まず，このルールづくりが非常に重要です。

[図表7-15]　長期的な方針を実現するための行動計画策定のルールづくり

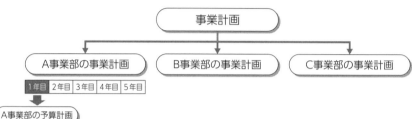

　この行動計画は，決算書の科目と紐づくようにする必要がありますが，決算書の科目は，企業活動を**要約**した，ある程度**抽象化**した名称です。いきなり勘定科目ごとに数字を計画してもらうと，前期の延長線上の数字か，根拠のない数字を作成シートに入れるだけで終わってしまうおそれがあります。それを防ぐには，プロセスを分ける必要があります。まず，勘定科目ごとの目標を現場の活動に因数分解し，現場活動と相関関係が深く定点観測できるKPIと紐づけます。そして，KPIを行動計画における変数とし，それを集計したら，勘定科目ごとの数字になるようなプロセスを事前に設計しておくことがポイントです。現場に，勘定科目の数字よりもKPIに集中してもらうための工夫です。このように，決算書は単に集計するものではなく，期待する数字になるよう，現場の行動を促進するための道具として使う工夫を，本社は知恵を出して行っていきましょう。

勘定科目に関連しているKPIの目標　→　KPIを科目別金額に換算

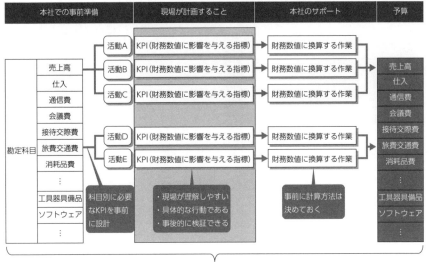

情報を提供するだけでなく，知恵を出すためには，本社スタッフは，現場の活動の理解に努める必要があります。現場の人が，決算書の構造の理解に努めるように，本社は現場の活動の理解に努める必要があります。それぞれの立場の人が，専門知識・技術を効果的に発揮するためには，**社内の無駄なコミュニケーションギャップを省くこと**です。活動と決算書の全体像を把握するというのは，全員がすべきことです。『決算数値の向こう側にはすべて具体的な取引がある』というはなしは，本社においてもいえることであり，現場の活動の理解が浅いまま道具をつくる，改造するのは，非常に危険なはなしです。

[図表7−17] 現場と本社は相互に理解する

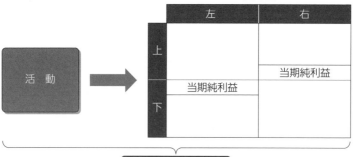

3 経営者層

（1） 未来の決算書を今語ろう

　第5章の事業計画策定において，『ありたい姿』のはなしをしました。『ありたい姿』について，もう少し補足をします。第5章では，『ありたい姿』はすでに考えられているという前提ではなしを進めました。

　上場会社は，中期経営計画という形で『ありたい姿』を発表する機会がありますが，『ありたい姿』どころか，中長期的な目標，今後の会社が進むべき方向性なども検討していないという会社は，意外に多くあります。また，目標はあるけれども，『オンリーワンを目指す』，『従業員が活き活きと働ける会社』など，趣旨はわかるのですが，具体的に何をするのですかと尋ねても，それに対する"明確"な答えは持っていないという会社にも，多く出会ってきました。

　もうすでに明確な『ありたい姿』があるという会社の経営者は，これからのはなしは読み飛ばしても構いませんが，これから考えるという経営者，"明確"かという問いに自信ある回答ができない経営者は，少しお付き合いください。

　本書で用いる『ありたい姿』は，遠い将来の夢，究極の目標のはなしではありません。外部利害関係者，社内の人たちが，会社が何をしたいのか，理解してくれる解像度ある目標です。理解することで，社外の人からの支援が得られる，社内の人たちが行動を起こしてくれるという『距離感』を持つ目標です（図表7-18）。

　はなしている時間軸が経営者によって違うときがあるので，ここで定義しておこうと思います。本書では，ちょうどよい距離感の『ありたい姿』には，次のことが明確であることが要件だと考えています。

[図表7-18] 社外・社内の人たちが理解できる距離感

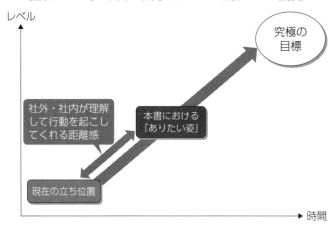

┌─────────────────────────────────────┐
│ ① どこに行くのか（ポジショニング）   │
│ ② 何をするのか（戦略と戦術）   │
│ ③ 数字で表現するとどうなるのか   │
│ ④ 実現までに要する時間   │
└─────────────────────────────────────┘

　第5章では，『ありたい姿』＝『何を実行する』＋『それを数字で表す』と
説明しましたが，それは①～④までの内容が織り込まれていることになります。
　非上場の会社の経営者とディスカッションをしていて一番感じるのは，①が
あいまいであることが多いということです。①は言い換えると，**何かを選ぶと
いうことは，何かを選ばない（やらない）という意思を明確にする**ということ
です。あの山に登ると決めたのなら，ほかの山には登らないということです。
一丁目一番地は何か，全員に伝わっていますか。そして，ここがはっきりしな
いから，②～④が具体的になりません。まず，『どこに行くのか』を決めましょ
う。それが決まれば，②以下のはなしになります。
　②～④については第5章で説明しているのですが，ここでは，その趣旨につ

いて考えてみます。趣旨を図示すると**図表7−19**になります。

[図表7−19] 『ありたい姿』の要件②から④

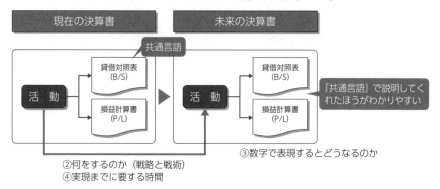

『決算書は，具体的な活動を集計した結果』ですから，未来においても，具体的な活動があり，それが決算書になります。そして，決算書は共通言語です。したがって，未来の『活動』と『決算書』を説明するのが，『ありたい姿』を伝える最もシンプルな手段です。

　一方，未来の決算書の前提となる『未来の活動』と『現在の活動』は違っているのが，一般的です。活動内容を，現在から『変化』させていき，未来の活動として再現できるシナリオが必要です。そして，その『変化』には，一定の時間を要すると考えられます。そのため，1年や2年先の計画では，『変化』を起こすには時間が足りないと考えられます。必然的に，3年から5年くらいの時間軸は必要になってきます。思い切って改革をする場合でも，最低限要する時間です。逆に，今度は長すぎる時間軸にすると，条件設定の不確定要素の多さ，外部環境の不透明さなどから，『未来の活動』の再現性が怪しいものとなります。したがって，その不完全な活動から集計される決算書も，信頼性の乏しい資料になってしまいます。抜本的な改革も実行でき，かつ，未来の決算書が高い解像度で表現できるくらいの時期というのが，経営者にとっても，社外・社内の人たちにとっても，ちょうどよい距離感になります。

そして，未来の決算書には，これまで説明してきた，『調達』と『運用』に
関する大事な要点が，バランスよく，すべて織り込まれています。

『調達』と『運用』はビジネスのやり方により，決算書の構造に特徴として
表れます。どのような財務構造にしていくべきかという観点も，ビジネスモデ
ルを組み立てるときに考慮してほしいと思います。例えば，投資の規模として，
『大規模』，『中規模』，『小規模』など，規模の大小という視点があります。同
程度の利益を見込むビジネスでも，どれくらいの投資規模が必要なのか，どれ
くらいの投資規模で実現できるのかという視点です。

[図表7-20]　どのような投資規模か

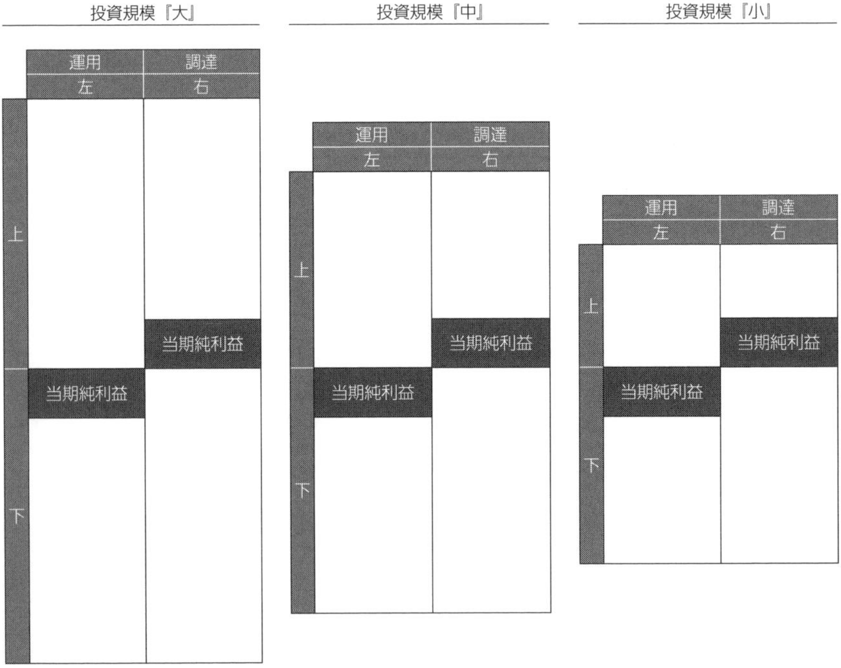

投資規模が変われば，調達資金の規模も変わります。外部環境の変化，リスクへの対応などを考慮しながら，ビジネスモデルを組み立てます。

　また，B/S（上）とP/L（下）を，それぞれ，総資産を分母に，売上を分母にして百分比で表したとき，それぞれの構成割合をどうすべきかという視点もあります。手掛けるビジネスのタイプによってある程度傾向は出るのですが，その中でも，業界平均とは大きく異なる構成割合を志向し，革新的なビジネスモデルの構想のヒントにするというアプローチもあります。

[図表7－21]　構成割合からビジネスモデルを構想する

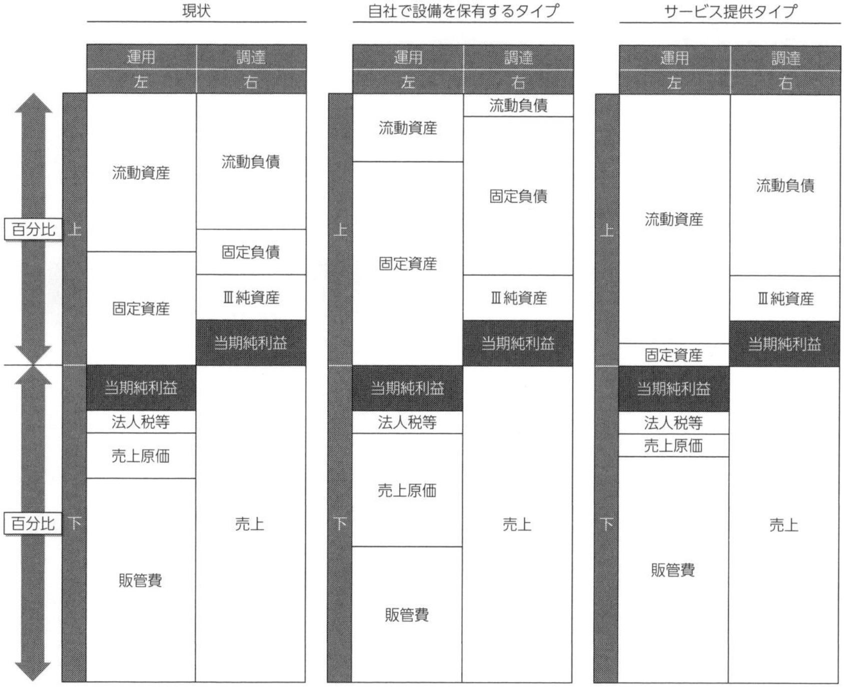

　P/L（下）の投資の中身についても，変動費と固定費の構成割合は現状のま

まなのか，変えていくべきなのかという構造の変化から，ビジネスモデルの構想のヒントとすることもできます。

[図表7－22]　変動費・固定費の構造を見直す

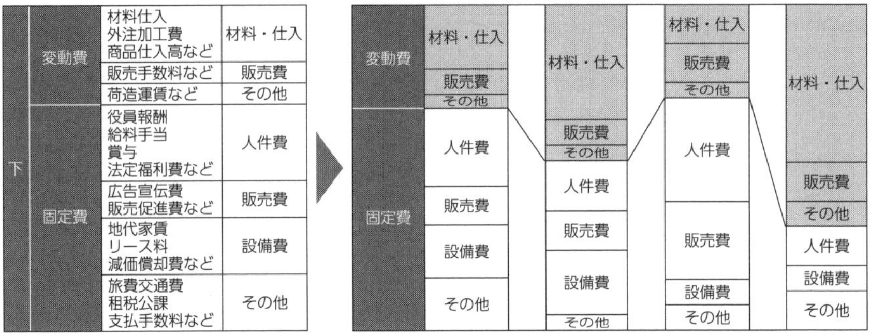

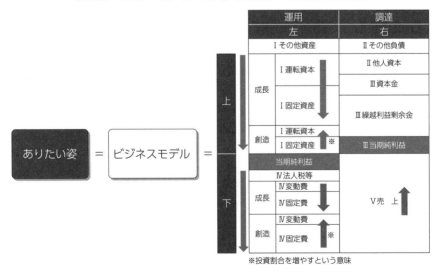

これらは，すべてビジネスモデルの組み立て方に影響されます。

[図表7－23]　ビジネスモデルと目指すべき財務の方向性

※投資割合を増やすという意味

ビジネスモデルを組み立てるとき，一定の制約条件があることは，誰もが知っています。しかし，その制約条件を織り込んでいない計画が，多く見受けられます。決算書という形で計画を表現すれば，制約条件は，当然に織り込まれます。外部利害関係者からすると，気になる部分は，決算書に情報として入っているので，未来の決算書の気になる科目，金額の実現根拠を確かめれば納得感は得られやすくなります。そのような意味においても，貸借対照表（B/S）も含めた，『調達』と『運用』の姿がほしいところです。ただし，各科目を細かく考える必要はありません。**図表7−23**のような調達（右）と運用（左）の『ありたい姿』が描ければ十分です。決算書を完全再現する必要はありません。未来の決算書（調達と運用）のグランドデザインがあるかどうかです。

決算書は，外部利害関係者に報告するために作成する書類です。単年度の成果を報告するルールであり，お金の入金・出金の状況を表す資料からは，かなり遠い存在になっています。

[図表7−24]　現代の決算書の構造

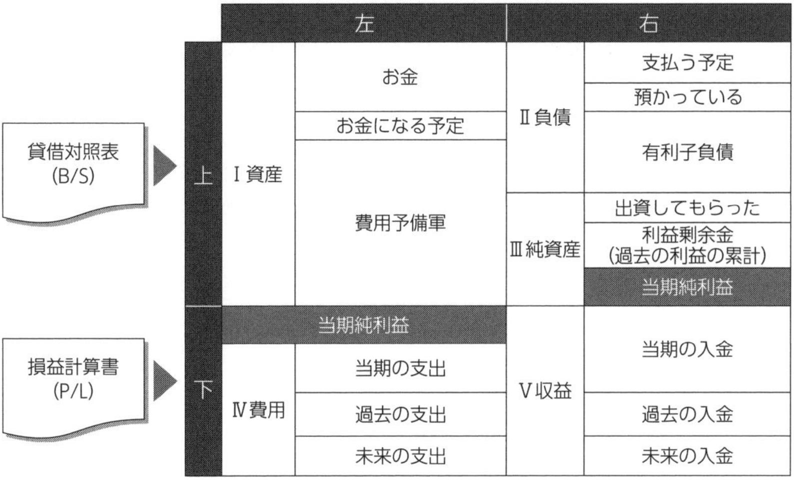

		左		右	
貸借対照表 (B/S)	上	I 資産	お金	II 負債	支払う予定
					預かっている
			お金になる予定		有利子負債
			費用予備軍	III 純資産	出資してもらった
					利益剰余金 (過去の利益の累計)
					当期純利益
損益計算書 (P/L)	下	IV 費用	当期純利益	V 収益	当期の入金
			当期の支出		
			過去の支出		過去の入金
			未来の支出		未来の入金

一方，経営の基本は，今も昔も『回収＞投資』です。社内的には，決算書の『当期純利益』から一度離れて，中長期的に『新たに生み出すお金の最大化』を志向する必要があります。しかし，外部利害関係者は，『当期純利益』を基準に評価するため，『当期純利益』も経営者にとっては，やはり重要な数字です。事業部・部門責任者のところでも説明しましたが，経営者のスタンスとしては，どちらかに偏った経営を行うのではなく，どちらに対しても上手に対応できるようにならなければいけません。決算書の『当期純利益』と目指している『新たに生み出すお金』の間にはギャップがあります。経営者には，その違いが見えていますが，外部利害関係者には，直近の決算書よりも先のことは見えていません。そこで，経営者は，中長期的に目指している姿と成果，その根拠をわかりやすく説明する必要があります。外部利害関係者が関心ある決算書が，未来にはこのようになるという説明が，共通言語でのコミュニケーション手段と

[図表 7 −25]　未来の決算書のイメージを根拠とともに説明する

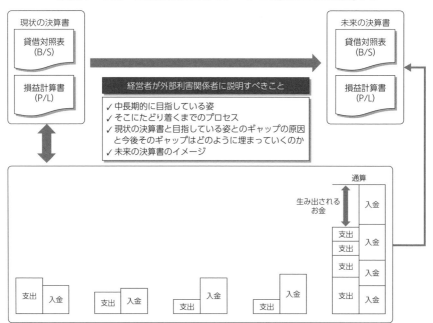

して最も有効なのです。

　このとき，外部に対して，一番説得力がある人が語ることが，最も効果があります。『ありたい姿』を，未来の決算書で表現できる経営者は，資金調達や投資の制約条件など，最低限必要な検討要素を加味したうえで語っていると，外部からは評価されます。何を目指しているのか，**数字でも**表現することができ，いつ，どこが，どのように，どれだけ変わっていくのか，変えていくのかを数字で表現できる経営者は，社内・社外の協力者の理解，協力を得られやすくなります。経営者の目指したい姿を実現するには，周りを巻き込む力が重要です。その力の１つが，このコミュニケーション能力ではないでしょうか。

（2）　財務構造に抜本的なメスを入れられるのは経営者しかいない

　長期的に稼ぎ続ける組織を作るためには，既存のコアな事業をさらに成長させつつ，一方で，新しい市場を開拓していかなければなりません。『成長』にも『創造』にも，投資する必要があります。そして，『創造』への挑戦から新規の『成長』への種が見つかったとき，大事に育てていかなければなりません。それを，未来の決算書で表現してくださいというはなしをしました。

　しかし，未来の決算書のベースとなる『未来の活動』，そして，その『未来の活動』を実現するために，図表7－19の『②何をするのか』という要件について，なかなか構想できないという経営者がいらっしゃいます。構想できない一番の原因は，『今ある経営資源でできること』というアプローチから入るからではないかと思います。

　今を所与として，最大限できることを考えるのではなく，未来の理想的な姿をイメージして，それを実現するためには何をすべきか<u>逆算して考える</u>アプ

ローチが必要です。

[図表7－26]　未来から逆算する

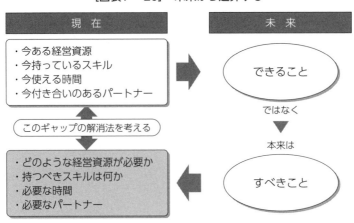

現在から未来を考える思考では，改善レベルのアイデアは出ますが，改革レベルのアイデアはなかなか出ません。多面的，複眼的な視点で考えるためには，いったん制約条件を頭の中で解除して，フラットな状態で考え始めるという意識が重要です。ゼロベースで，どのような運用（投資）構造が理想かを検討しましょう。

　未来の決算書（調達と運用）のグランドデザインと現状を比較したとき，財務構造が相当異なっている場合もあります。未来の決算書が『ありたい姿』であると決意するに至ったのならば，現状の財務構造にメスを入れる必要があります。ただ，これは容易なことではありません。いわば，住みながら家を建て替えするようなものです。これを推進できるのは，経営者しかいません。

　改革を実現させるためには，社内の理解を得る必要もあります。そのためには，やはり，『ありたい姿』が明確であることです。この軸がしっかりとしていれば，何のために改革を行うのか意図が伝わりやすくなります。

決算書の財務構造を根本的に変えられるのは経営者です。もう一度，**図表7−22**をよく見てください。スタッフの努力だけでは，どうにもならないことがいかに多いことか。『すべきこと』は，強力な意思を持って進めましょう。

（3） 管理会計は分ければわかりやすくなるというものではない

決算書を含めた会計は，管理会計として活用すれば，非常に便利な道具になります。ただし，一点留意してほしいことがあります。

管理会計の基本が，『分ける』，『比較する』です。ところが，この『分ける』という作業は，実務上は難しいのです。そして，『比較する』ということも，経営者はその有用性を理解しているため，毎月見たいという要望が増えます。

管理会計は，毎月締めて評価することも基本です。『**毎月**』集計できる仕組みの構築および運用と，『**単発**』で集計する仕組みの構築および運用は，**まったく難易度や工数が違ってきます**。

単品管理は，どの会社でも行いたいと考えます。『この製品は1個いくらかかるのか』という，あまりにも単純な問いに対して答えを出すのは，実は簡単ではありません。ある製品を10,000個製造しました。変動費5,000,000円，固定費5,000,000円かかりました。1個当たりの原価はいくらでしょうか。答えは，（5,000,000円＋5,000,000円）÷10,000個＝1,000円/個です。翌月に同じ製品を

[図表7−27]　生産数によって単位原価が変わる

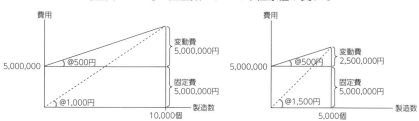

5,000個製造しました。変動費2,500,000円，固定費5,000,000円かかりました。1個当たりの原価はいくらでしょうか。答えは，（2,500,000円＋5,000,000円）÷5,000個＝1,500円/個です。これは実際原価で計算した結果です。

　原価が変わった原因は，固定費の存在です。単価は総製造原価（変動費が減っても固定費は同額）で割るために，このような違いが生じます。同じ作業をしていても単価が上がったのです。この製品単価上昇の事実について，経営者は勘違いしてはいけません。製品単価を下げろと現場に指示を出した場合，一番簡単な解決方法は，増産することです。しかし，これに意味がないことは明らかです。このような操業度の影響を回避するために，実際原価ではなく，予定原価を採り入れるという方法があります（予定原価の正しい設定も難しい課題です）。これは1つの例ですが，**毎月集計する，同じ条件で比較する**という仕組みを構築するには，分ける以外に準備しなければいけないことが多くあるということは知っておく必要があります。会社の規模によっては，仕組み化するためには，システム投資が必要になる場合もあります。

　本社費の配賦，共通費の配賦も同じ理屈なのですが，**相対的な影響を受ける費用**は，特定の部門や担当者にフォーカスしたとき，ほかの部門や担当者の行動からも影響を受けてしまいます。意思決定を誤らせない，現場の不平不満を募らせないよう，分け方にはその影響に対する想像力を働かせて，十分に気をつけて，仕組みを作りましょう。

　数字は便利ですが，非常に怖い道具です。数字を人の前に出すと，どんな形であれ，強い影響力があります。分け方を誤ると，かえって経営者が意図した方向とは異なる方向に，スタッフが行動を起こしてしまうこともあります。分けたことで，会社が変な方向に進んでしまうくらいなら，何もしないほうがマシです。

　また，分け方の問題ではないのですが，どれだけ細かく分けるかについてもよく考えましょう。製造原価のコストをなるべく細かく把握したい，販管費の

コストをなるべく細かく把握したい，特定の業務，特定の工程のコストを把握したい，スタッフのタスクごとにかかったコストを把握したいなど，特定の部分の実績を知りたいというニーズもかなりあります。これを毎月のルーティン業務で運用するためには，**データを適時に集計する仕組み**が必要です。またデータの加工作業にも，本社部門において相当な工数がかかることがあります。管理会計は，『**現場の活動**』の実態を把握し，『次の行動』に早くつなげるために使う道具です。しかし，この道具がその会社に合っているかは，どのような『人』がいるのか，どのようなインフラでデータを集計加工できるかという『組織力』によってまったく変わります。この社内の状態をよく把握し，見極めないまま，管理会計の仕組みを導入しようとすることは避けましょう。

[図表7−28] どのような道具が合っているかは会社によって変わる

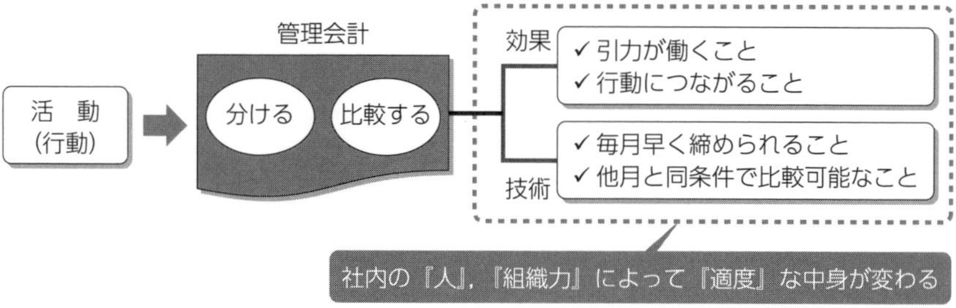

管理会計は，『自社にとって**運用可能**で，かつ，**スタッフの行動に影響を与える**ことができるよう，会社の成長ステージに合わせて，**調合していく**』しかないのです。会計の『奥行き』の世界は，組み合わせの妙です。

これまで本書で紹介した分析手法や考慮すべき視点，アプローチを，いつのタイミングで，どのように活用したら，自社にハマるのか，それがわかってくることが，経営者にとっての『使える』領域です。焦らず，『引力』と『行動』を意識しながら，経験値を積み重ねていってください。

Column 　財務会計と管理会計は一致させるべきか

　外部報告用（財務会計といいます）の決算書の利益と，管理会計用の決算書の利益は一致させるべきかという議論をよく聞きます。なぜこのような議論が起きるかといえば，前提として『外部報告用に締めた月次決算書を，管理会計用に組み替える』という発想があるからです。そして，『営業利益』，『当期純利益』など外部報告用の決算書の数字が社内においても基準になっているからです。

　管理会計を行う目的は，『人の気持ち』を動かして，あるべき方向に向けて行動を起こしてもらうためです。確定値でなければ，外部報告用でなければ，人の気持ちが動かないのであれば，外部報告用と一致させるべきです。しかし，決して，そんなことはありません。

　一方で，経営者としては，外部報告用の『利益』について説明責任があり，どのようになるかは把握しておく必要があります。そのため，管理会計用の『利益』と何が異なるか，科目別に違いが発生する部分を把握できるような管理を行い，お互いの『利益』を行き来できるようにしておけば，一致させる必要はなくなります。

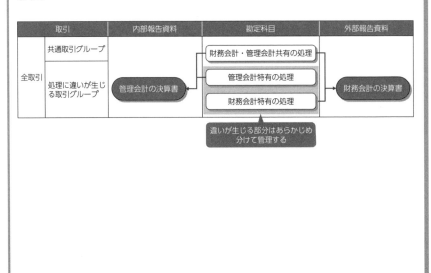

[著者紹介]

三林　昭弘（みつばやし　あきひろ）

マネジメントコンサルタント・公認会計士・税理士

1970年生まれ。公認会計士2次試験合格後，公認会計士事務所，不動産会社を経て，監査法人トーマツ（現　有限責任監査法人トーマツ）に入所。主に金融商品取引法監査，会社法監査を担当し，上場準備会社の予備調査および上場指導にも携わる。監査法人時代は，主に，不動産，建設業，流通業を担当していた。

2004年に独立し，「三林公認会計士事務所」を開業。同時に，「フェリックスジャパン株式会社」を設立。企業の事業構造を理解し，成長ステージ，組織能力によってマネジメントの勘所がまったく変わるというポリシーのもと，マネジメントコンサルティングを行っている。

著書に『すらすら税効果会計』（第3版）（中央経済社）などがある。

道具としての決算書
長期的に稼ぎ続けるための思考法

2023年10月10日　第1版第1刷発行

著者	三　林　昭　弘
発行者	山　本　　　継
発行所	㈱中央経済社
発売元	㈱中央経済グループ パブリッシング

〒101-0051　東京都千代田区神田神保町1-35
電話　03（3293）3371（編集代表）
　　　03（3293）3381（営業代表）
https://www.chuokeizai.co.jp
印刷／昭和情報プロセス㈱
製本／㈲井上製本所

©2023
Printed in Japan